ERSTE AUSGABE - Veröffentlicht 2022

Extra Grafikmaterial von: www.freepik.com
Dank an: Alekksall, Starline, Pch.vector, Rawpixel.com, Vectorpocket, Dgim-studio, Upklyak, Macrovector, Stockgiu, Pikisuperstar & Freepik.com Designers

Kostenlose Online-Spiele Entdecken

Hier Erhältlich:

BestActivityBooks.com/FREEGAMES

5 TIPPS FÜR DEN ANFANG!

1) LÖSUNG DER RÄTSEL

Die Puzzles haben ein klassisches Format :

- Die Wörter sind ohne Abstand, Bindetrich usw… versteckt
- Richtung : vor-& rückwärts, auf & ab oder in der Diagonale (beider Richtungen)
- Die Wörter können übereinanderliegen oder sich kreuzen

2) AKTIVES LERNEN

Neben jedem Wort ist ein Abstand vorgesehen zum Aufschreiben der Übersetzung. Um ihre Kenntnisse zu überprüfen und zu erweitern befindet sich am Ende des Buches ein **WÖRTERBUCH**. Suchen sie die Übersetzungen, schreiben sie sie auf, dann können sie sie in den. Puzzles suchen und ihrem Wortschatz hinzufügen.

3) ANZEICHNUNG DER WÖRTER

Haben sie schon einmal versucht eine Anzeichnung zu verwenden? Sie könnten zum Beispiel die Wörter, die schwer zu finden sind, ankreuzen, die Wörter, die sie lieben, mit einem Stern, neue Wörter mit einem Dreieck, seltene Wörter mit einem Diamant usw … anzeichnen

4) IHR LERNEN ORGANISIEREN

Am Ende dieser Ausgabe bieten wir auch ein praktisches **NOTIZBUCH** an. Ob im Urlaub, auf Reisen oder zu Hause, sie können ihr neues Wissen ganz einfach organisieren, ohne ein zweites Notizbuch zu benötigen!

5) SIND SIE AM SCHLUSS ?

Gehen sie zum Bonusbereich : **MONSTER-HERAUSFÖRDERUNG,** um ein kostenloses Spiel zu finden, das am Ende dieser Ausgabe angeboten wird !

Lust auf mehr Spaß und **Lernaktivitäten?** Schnell und einfach : eine ganze Spielbuchsammlung mit einem einzigen Klick erhaltbar :

Mit diesem Link finden sie ihre nächste Herausforderung :

BestActivityBooks.com/MeineNachsteWortsuche

Achtung, fertig, ... Los !!

Wussten sie, dass es auf der Welt ungefähr 7.000 verschiedene Sprachen gibt ? Wörter sind kostbar.

Wie lieben Sprachen und haben schwer daran gearbeitet, die Bücher von höchster Qualität für sie zu entwerfen. Unsere Zutaten ?

Eine Auswahl von angepassten Lernthemen, drei große Scheiben Spaß, dann fügen wir einen Löffel schwieriger Wörter und eine Prise seltener Wörter hinzu. Wir servieren sie mit Sorgfalt und ein Maximum an Freude, damit sie die besten Wortspiele lösen und Spaß am Lernen haben.

Ihre Meinung ist wichtig. Sie können aktiv zum Erfolg dieses Buches beitragen, indem sie uns eine Bemerkung hinterlassen. Sagen sie uns, was ihnen an dieser Ausgabe am besten gefallen hat !!

Hier ist ein kurzer Link, der sie zu ihrer Bewertungsseite führt

BestBooksActivity.com/Rezension50

Vielen Dank für ihre Hilfe und viel Spaß

Linguas Classics

1 - Ozean

```
V A L O V I W B K Q G C J I
G R U O O F E V F M J R E O
P R N G D U C Z W V M A G R
S W E M O R S K I P E S U I
S P E B D B R O O L D O L E
T U N A E Q A Z F I U L J O
L D G D L N K I K M Z G A S
L Z T T F C F C I O E R E T
R A K I I N U A T V R N I R
I D D T N Q E M I A Ž A R I
B T H S T Y R B Z N E E L G
E T T U N S M W S J L R V E
H O B O T N I C A E V F Z O
Č O L N E V I H T A A S H A
```

JEGULJA	HOBOTNICA
OSTRIGE	MEDUZE
ČOLN	GREBEN
DELFIN	SOL
RIBE	ŽELVA
KOZICA	GOBA
PLIMOVANJE	NEVIHTA
MORSKI PES	TUNA
KORALE	KIT
RAK	VALOVI

2 - Schule #1

```
K W A W A R K M C F J Y H B
N S F H B P V K A H V Q J E
J Z O V E R I B O P D L O Z
I U R U C I Z M G S E I D C
Ž S I Č E J A A C O I I Y O
N I S I D A B T L S E L I K
I R C T A T A E C N G U O Š
C O R E O E V M T J Q Č D T
A P M L I L N A K N J I G E
S V K J Z J O T Q A S L O V
E Z P A P I R I J J E N V I
U Y C E I N H K D W A I O L
B E C Y T Y N A A W O C R K
U C S V I N Č N I K V A I E
```

ABECEDA
ODGOVORI
KNJIŽNICA
SVINČNIK
KNJIGE
PRIJATELJI
UČILNICA
UČITELJ
MATEMATIKA

KOSILO
MAPE
PAPIR
IZPITI
KVIZ
ZABAVNO
STOL
ŠTEVILKE

3 - Meditation

```
U  C  P  J  D  S  J  G  G  N  M  V  M  O
S  P  R  E  J  E  M  L  I  A  I  P  U  M
O  M  R  M  I  D  D  A  B  R  S  O  U  S
Č  S  I  I  D  I  F  S  A  A  L  G  V  H
U  R  E  R  J  H  R  B  N  V  I  L  R  O
T  E  B  H  E  A  W  A  J  A  M  E  O  T
J  Č  Z  N  Z  N  Z  L  E  L  V  D  A  E
E  A  S  M  A  J  E  N  T  I  Š  I  N  A
G  H  V  A  L  E  Ž  N  O  S  T  O  Z  G
P  O  Z  O  R  N  O  S  T  S  U  Z  Y  K
S  O  G  P  E  R  S  P  E  K  T  I  V  A
B  U  D  E  N  T  V  B  M  K  O  V  J  T
J  J  A  S  N  O  S  T  V  G  I  J  L  I
L  O  N  J  Z  G  Q  D  U  Š  E  V  N  O
```

SPREJEM	SREČA
DIHANJE	JASNOST
POZORNOST	SOČUTJE
GIBANJE	GLASBA
HVALEŽNOST	NARAVA
VPOGLED	PERSPEKTIVA
PRIJAZNOST	MIREN
MIR	TIŠINA
MISLI	UM
DUŠEVNO	BUDEN

4 - Meisterschaft

```
P  R  V  E  N  S  T  V  O  E  D  W  R  A
S  J  V  N  Z  C  V  F  L  K  I  G  R  E
F  I  N  A  L  I  S  T  Q  I  S  U  T  V
S  Z  P  F  L  E  A  R  W  P  D  M  R  Z
T  V  N  R  D  C  C  F  Y  A  S  L  E  D
R  E  V  V  M  E  D  A  L  J  A  N  R
A  D  D  B  E  A  D  B  H  A  S  N  E  Ž
T  B  I  E  M  B  K  T  U  R  N  I  R  L
E  A  T  O  B  T  T  Š  Z  P  C  Y  U  J
G  N  T  Z  G  L  M  P  E  M  W  L  G  I
I  L  G  O  L  Z  N  O  J  F  A  S  K  V
J  S  O  D  N  I  K  R  A  Z  Q  G  T  O
A  H  B  Z  W  I  G  T  U  L  V  C  A  S
N  N  M  O  T  I  V  A  C  I  J  A  M  T
```

VZDRŽLJIVOST	SODNIK
PRVAK	ZNOJ
FINALIST	ZMAGA
LIGA	IGRE
EKIPA	ŠPORT
MEDALJA	STRATEGIJA
PRVENSTVO	TRENER
MOTIVACIJA	TURNIR
IZVEDBA	

5 - Insekten

```
Č  E  B  E  L  A  M  Š  V  K  U  B  K  Š
N  I  Z  F  D  O  O  Č  J  O  P  L  A  K
N  Z  A  E  M  L  L  U  N  B  I  I  Č  R
O  E  D  F  U  Y  J  R  M  I  K  S  J  Ž
S  W  K  O  M  A  R  E  V  L  A  T  I  A
A  P  K  Y  R  A  P  K  V  I  P  N  P  T
M  R  R  F  A  N  N  M  Q  C  O  A  A  Y
B  N  T  L  V  M  T  T  L  A  L  U  S  Z
J  O  J  Y  L  E  E  C  I  Q  O  Š  T  J
I  H  L  P  J  T  R  W  Č  S  N  V  I  A
K  I  R  H  A  U  M  O  I  R  I  Č  R  V
R  H  A  O  A  L  I  F  N  Š  C  U  U  M
T  T  U  P  Š  J  T  O  K  E  A  O  A  L
S  S  L  I  Q  Č  J  C  A  N  Q  M  P  L
```

MRAVLJA	KAČJI PASTIR
ČEBELA	PIKAPOLONICA
LISTNA UŠ	MOLJ
BOLHA	KOMAR
MANTIS	METULJ
KOBILICA	TERMIT
SRŠEN	OSA
ŠČUREK	ČRV
HROŠČ	ŠKRŽAT
LIČINKA	

6 - Dinosaurier

```
V R E H L F O S I L I W K Z
S E O V M A M U T M Q Q P Q
E P H N O Z B A Y J Q R L Q
J L F J L L Z E M L J A A V
E E O D W O U P L U Z P Z E
D N K M K B R C M I J T I L
E B S K M N A C I O O O L I
C R U N I I A L R J Č R E K
S V Y G P W P H R W A A C O
P R A Z G O D O V I N E N S
Q S R A S T L I N O J E D T
H T O J E W M E S O J E D G
V E L I K O G R O M N O W N
T T E H R H K R I L A Y W N
```

VSEJEDEC
VRSTE
PLEN
ZLOBNI
OGROMNO
ZEMLJA
EVOLUCIJA
MESOJED
KRILA
FOSILI

VELIK
VELIKOST
MOČAN
MAMUT
RASTLINOJED
PRAZGODOVINE
RAPTOR
PLAZILEC
REP

7 - Obst

```
K Z K E W Z Č M A L I N A U
T O A P B B E K S L I V A O
J D K H R U Š K A V B P K R
O L S O E C N G B L J M I A
N V B Q S L J R O A F K V N
A E P B K G A O M J N J I Ž
C L K I E D S Z M A M A E N
W I E T V F M D U G A B N A
Q M A I A Z R J P O R O R A
U O T B D R P E A D E L O F
A N A N A S I M P I L K B M
C A V M E L O N A Č I O I Z
A V O K A D O O J J C M D B
D W K C H O L O A E A Y A P
```

ANANAS
JABOLKO
MARELICA
AVOKADO
BANANA
JAGODIČJE
HRUŠKA
ROBIDA
MALINA
ČEŠNJA

KIVI
KOKOS
MELONA
NEKTARIN
ORANŽNA
PAPAJA
BRESKEV
SLIVA
GROZDJE
LIMONA

8 - Schule #2

```
Z  Q  N  P  L  B  R  A  N  J  E  K  S  K
F  I  G  R  E  I  A  L  V  V  J  O  L  N
S  L  O  V  A  R  T  U  M  B  E  L  O  J
Q  U  E  H  S  U  Č  E  N  J  E  E  V  I
Z  N  A  N  O  S  T  U  R  B  T  D  N  Ž
R  A  D  I  R  K  A  T  Č  A  S  A  I  N
O  H  H  B  A  A  U  M  K  I  T  R  C  I
U  R  B  N  P  S  F  R  N  N  T  U  A  C
F  B  S  V  I  N  Č  N  I  K  J  E  R  A
V  T  T  O  A  V  T  O  B  U  S  I  L  A
I  N  W  P  A  P  I  R  W  P  F  D  G  J
V  I  K  E  N  D  I  N  B  Q  R  Q  W  E
Š  K  A  R  J  E  W  D  D  Q  F  V  Q  L
I  Z  O  B  R  A  Ž  E  V  A  N  J  E  P
```

KNJIŽNICA	LITERATURA
IZOBRAŽEVANJE	PAPIR
SVINČNIK	RADIRKA
AVTOBUS	NAHRBTNIK
KNJIGE	ŠKARJE
SLOVNICA	IGRE
KOLEDAR	ZNANOST
UČITELJ	VIKENDI
UČENJE	SLOVAR
BRANJE	

9 - Spielzeuge

```
P  B  D  O  M  I  Š  L  J  I  J  A  T  R
S  Š  A  H  B  N  J  E  V  F  F  E  O  W
K  B  M  R  H  Q  W  R  A  V  Y  R  V  F
K  O  W  O  V  L  A  K  Z  D  T  W  O  N
N  B  L  B  V  I  Y  G  Y  Y  N  H  R  A
J  N  Ž  O  G  A  C  O  B  R  T  I  N  J
I  I  J  T  B  U  L  E  T  A  L  O  J  L
G  E  V  A  M  G  S  P  I  U  A  M  A  J
E  V  Z  T  F  Y  Y  Q  K  G  T  H  K  U
L  U  T  K  A  G  L  I  N  A  R  B  Č  B
A  V  T  O  E  C  I  L  M  N  O  E  O  Š
I  Z  L  H  H  V  R  I  W  K  Z  V  L  I
G  U  R  B  U  M  Y  K  T  A  N  D  N  A
Q  V  L  Z  A  K  I  T  E  S  H  A  R  Q
```

AVTO	TOVORNJAK
ŽOGA	DOMIŠLJIJA
ČOLN	LUTKA
BARVICE	UGANKA
KNJIGE	ROBOT
KITE	ŠAH
KOLO	BOBNI
NAJLJUBŠI	IGRE
LETALO	GLINA
OBRTI	VLAK

10 - Komödie

```
T E L E V I Z I J A I U I K
S M E Š N O O I G W L Z M P
G L E D A L I Š Č E L I P F
Ž B V F I L H Q B H G D R E
Q A F C P M D U K P N O O I
W P N W O J S S M E H B V G
Y L J R Q O E K L O V N I R
R A W S G Z B T I D R I Z A
D V B K L O A R U B O I A L
I Z R A Z N O B Š A L E C E
P A R O D I J A A M V Y I C
I G R A L K A E G V S J J D
O B Č I N S T V O S N R A G
N G R A L Z B U U G W O H K
```

APLAVZ
IZRAZNO
KLOVNI
TELEVIZIJA
ŽANR
HUMOR
IMPROVIZACIJA
SMEŠNO

SMEH
PARODIJA
OBČINSTVO
IGRALEC
IGRALKA
ZABAVNO
GLEDALIŠČE
ŠALE

11 - Camping

```
K A B I N A K Z G Ž T O F C
A K G J H Q L E V U A U L T
N G O Z D F O M O Ž L U N A
U E M M K S B L K E S D V F
C W F V P M U J M L U Č I R
E L F R Y A K E C K J M S M
L V E V N S S V Y E G S E U
D P O Ž A R V I U Z O U Č A
Ž H K Q R P S D R B R L A C
Š I Y Z A B A V N O A O M W
I O V S V J E Z E R O V R B
H J T A A K H N O W V F E W
Z U P O L P Y V F Y E L Ž P
C E F L R I L K Z J G O A M
```

GORA
POŽAR
VISEČA MREŽA
KLOBUK
ŽUŽELKE
LOV
KABINA
KANU
ZEMLJEVID
KOMPAS

LUČ
LUNA
NARAVA
JEZERO
VRV
ZABAVNO
ŽIVALI
GOZD
ŠOTOR

12 - Zeit

```
B M J D O V C A D Z D A J H
U E F N W Č J G W G A J J Q
A S S Q L E T N I O N U U I
Y E K L R R E O B D E T H N
L C I D E A Y Č R A S R O O
T E D E N J V L K J T O P W
G P T G F L A N P O O B O U
H L K O L E D A R T L Q L U
G C R B G H J B E V E Q D R
L G B P E N G S D R T Q N A
P R I H O D N O S T J R E M
R E V J L N Y F Q H E K F D
C K A F B W G M M I N U T A
D E S E T L E T J E R P K N
```

ZGODAJ
VČERAJ
DANES
LETO
STOLETJE
DESETLETJE
LETNI
ZDAJ
KOLEDAR
MINUTA

OPOLDNE
MESEC
JUTRO
PO
NOČ
DAN
URA
PRED
TEDEN
PRIHODNOST

13 - Säugetiere

```
K  L  S  L  O  N  G  F  U  A  S  Q  I  P
O  E  I  P  D  B  O  M  E  D  V  E  D  U
P  B  N  S  D  P  R  K  P  E  S  E  Y  M
I  D  N  G  I  R  I  O  O  K  I  Z  A  A
C  L  J  O  U  C  L  J  D  O  F  R  J  V
A  V  Z  E  B  R  A  O  G  N  V  H  W  O
F  D  H  E  F  M  U  T  A  J  I  C  B  L
Ž  I  R  A  F  A  N  H  N  D  W  K  E  K
B  O  B  E  R  L  A  V  A  M  J  I  K  D
I  U  E  R  Y  V  E  T  S  B  O  T  C  E
K  Q  L  E  V  F  U  Z  C  A  C  F  L  B
D  N  E  I  T  Q  R  K  T  I  G  E  R  P
Y  R  J  C  R  S  U  J  Q  H  K  L  O  M
V  D  V  Z  N  M  M  L  M  T  O  U  N  J
```

OPICA	LEV
MEDVED	PUMA
BOBER	KONJ
SLON	PODGANA
LISICA	OVCE
ŽIRAFA	BIK
GORILA	TIGER
PES	KIT
KENGURU	VOLK
KOJOT	ZEBRA

14 - Astronomie

```
R  S  J  A  O  P  C  Z  E  M  L  J  A  Q
V  K  A  S  Z  C  G  P  O  S  S  C  R  A
O  Q  E  T  V  T  W  L  L  D  N  S  J  W
C  Q  B  R  E  P  D  A  P  A  I  I  G  Z
E  F  G  O  Z  L  H  N  E  B  O  A  A  V
K  S  I  N  D  U  I  E  S  Z  S  S  K  E
O  O  A  O  J  N  O  T  C  G  U  T  R  Z
M  L  Z  M  E  A  G  H  B  U  P  R  A  D
E  A  T  M  E  G  L  I  C  A  E  O  K  A
T  R  Q  T  O  A  J  Q  Q  G  R  N  E  H
I  N  O  V  O  S  Y  O  H  M  N  A  T  J
M  E  T  E  O  R  Z  U  O  P  O  V  A  S
T  E  L  E  S  K  O  P  V  K  V  T  N  R
A  S  T  E  R  O  I  D  W  F  A  I  L  A
```

ASTEROID	LUNA
ASTRONAVT	MEGLICA
ASTRONOM	PLANET
ZEMLJA	RAKETA
NEBO	SATELIT
KOMET	ZVEZDA
OZVEZDJE	SUPERNOVA
KOZMOS	TELESKOP
METEOR	ZODIAK

15 - Ballett

```
Z  B  Z  L  G  E  S  T  A  S  J  P  O  J
M  I  Š  I  C  E  L  A  F  P  G  Y  T  Q
T  Q  T  I  P  P  O  M  D  E  L  S  Y  N
U  R  M  E  V  C  G  Y  U  Y  A  A  C  Z
N  I  B  P  H  O  B  Č  I  N  S  T  V  O
I  T  A  M  V  N  Q  B  F  Z  B  H  O  Z
Z  E  L  V  R  A  I  Z  F  J  A  J  R  P
R  M  E  T  M  G  J  K  P  M  C  W  K  L
A  S  R  N  W  M  B  A  A  I  V  R  E  E
Z  E  I  S  P  R  E  T  N  O  S  T  S  S
N  I  N  T  E  N  Z  I  V  N  O  S  T  A
O  O  A  U  M  E  T  N  I  Š  K  A  E  L
K  O  R  E  O  G  R  A  F  I  J  A  R  C
Z  K  S  K  L  A  D  A  T  E  L  J  O  I
```

APLAVZ	GLASBA
IZRAZNO	MIŠICE
BALERINA	ORKESTER
KOREOGRAFIJA	VAJA
SPRETNOST	OBČINSTVO
GESTA	RITEM
INTENZIVNOST	SLOG
SKLADATELJ	PLESALCI
UMETNIŠKA	TEHNIKA

16 - Strand

```
P  R  E  R  G  T  Y  C  M  O  D  P  V  A
Č  T  S  J  A  R  F  W  S  C  O  M  N  T
O  B  A  L  A  K  E  Q  E  E  P  N  U  G
L  B  Y  H  K  S  F  B  H  A  U  Y  F  C
N  H  Q  H  H  O  A  T  E  N  S  J  K  D
R  M  V  D  E  N  A  N  L  N  T  A  B  U
O  N  C  E  T  C  M  O  D  R  A  D  G  C
U  I  G  Ž  P  E  S  E  K  A  C  R  B  B
A  N  O  N  M  O  R  J  E  G  L  N  R  B
T  M  J  I  Z  T  U  N  G  N  I  I  I  P
B  V  A  K  O  O  L  Q  P  C  Z  C  S  E
U  C  I  A  C  K  C  K  U  B  K  A  A  E
L  A  G  U  N  A  I  D  G  R  D  T  Č  D
D  O  K  A  A  L  G  Y  O  S  G  T  A  M
```

MODRA	OCEAN
ČOLN	DEŽNIK
DOK	GREBEN
BRISAČA	PESEK
OTOK	SANDALI
RAK	JADRNICA
OBALA	SONCE
LAGUNA	DOPUST
MORJE	

17 - Restaurant #1

```
M E S O F P L O Š Č A K S I
C E O I P A R I E Z N V L P
Y F N O Y K P T G K Z U A I
K U H I N J A A I P F F D Š
K R U H T M O V I Č Z F I Č
H R A N A A M M A E E S C A
R E Z E R V A C I J A K A N
V Y L C M T K N O Ž I L N E
O S B L A G A J N I K E W C
N A T A K A R I C A B D D N
G I E Z A Č I N J E N A Q H
A L E R G I J A E W Q K F T
B A K W S F U W D U U D T K
B W G B F E V A W D Q S F P
```

ALERGIJA   KUHINJA
KRUH   MENI
SLADICA   NOŽ
HRANA   REZERVACIJA
MESO   SKLEDA
PIŠČANEC   PRTIČEK
KAVA   OMAKA
BLAGAJNIK   PLOŠČA
NATAKARICA   ZAČINJEN

18 - Geologie

```
T R F V U L K A N Z C F S H
D C E R O Z I J A P L A T O
S F G O F T M C E L I N A Z
F O J J B O L E P O D K L C
O S L A V A Q I R O U E J K
M I N E R A L I N A T C E F
Z L T G E J Z I R A K R N K
S T A L A G M I T I A K E I
S T A L A K T I T K M R K S
I C D M C O N A N O E E A L
T J B E E Y L N J R N M L I
V J H K U T R P W A L E C N
C M C N Z G R Q E L D N I A
L G U N A R U V L E P S J P
```

POTRES
EROZIJA
FOSIL
STALJEN
GEJZIR
VOTLINA
KALCIJ
CELINA
KORALE
LAVA

MINERALI
PLATO
KREMEN
SOL
KISLINA
STALAGMITI
STALAKTIT
KAMEN
VULKAN
CONA

19 - Wissenschaft

```
F  L  Q  C  T  M  O  L  E  K  U  L  E  K
O  I  A  H  O  M  E  T  O  D  A  N  V  E
S  U  Z  B  K  R  A  Y  H  E  S  D  O  M
I  N  M  I  O  Z  G  H  O  L  H  D  L  I
L  A  F  A  K  R  R  A  P  C  T  P  U  K
H  R  H  T  J  A  A  W  N  I  Y  O  C  A
T  A  I  O  Y  K  V  T  P  I  N  D  I  L
D  V  P  M  S  N  I  N  O  C  Z  N  J  I
E  A  O  A  D  Y  T  P  S  R  B  E  A  J
J  C  T  P  O  D  A  T  K  I  I  B  M  A
S  W  E  J  Y  K  C  U  U  V  D  J  R  T
T  Y  Z  S  A  L  I  N  S  H  T  E  S  P
V  N  A  F  T  Z  J  A  Z  G  J  K  Z  S
O  T  D  C  T  R  A  S  T  L  I  N  E  Z
```

ATOM	METODA
KEMIKALIJA	MOLEKULE
PODATKI	NARAVA
EVOLUCIJA	ORGANIZEM
POSKUS	DELCI
FOSIL	RASTLINE
HIPOTEZA	FIZIKA
PODNEBJE	GRAVITACIJA
LABORATORIJ	DEJSTVO

20 - Bildende Kunst

```
M F W S J S N Y K U S I S M
Z O P E N T G R A M E G K O
E T E C Y O D L R E S F U J
W O P Y L J I Z H T T S L S
V G E A N A F P I N A G P T
K R R V C L I O T I V Q T R
E A S G L O L R E K A V U O
R F P V A V M T K K B O R V
A I E O I A Q R T R R S A I
M J K G S N M E U Q T E Y N
I A T C L S Č T R L A K D A
K W I D I I O N A Z F R N A
A S V U K U N E I O G L J E
I K A Y A C E A G K U R A Y
```

ARHITEKTURA   MOJSTROVINA
SVINČNIK   PERSPEKTIVA
FILM   PORTRET
FOTOGRAFIJA   SKULPTURA
SLIKA   STOJALO
OGLJE   PEN
KERAMIKA   GLINA
KREDA   VOSEK
UMETNIK   SESTAVA
LAK

21 - Sport

```
I  G  R  A  E  D  C  P  S  S  B  G  Š  K
Q  H  R  O  M  U  B  U  M  T  A  I  P  O
B  M  O  A  G  O  P  S  Y  A  S  I  O  Š
Z  I  T  K  E  I  J  O  J  D  E  G  R  A
T  R  E  N  E  R  M  D  E  I  B  R  T  R
G  G  O  L  F  J  G  N  G  O  A  A  N  K
F  J  S  I  Y  M  I  I  A  N  L  L  I  A
W  M  P  G  G  V  B  K  G  S  L  E  K  S
Z  M  A  G  O  V  A  L  E  C  T  C  Y  Z
N  U  K  K  F  W  N  Q  K  J  E  I  B  G
H  L  F  W  O  C  J  V  I  J  N  Z  K  H
L  S  N  G  R  L  E  U  P  G  I  Q  H  A
H  F  F  V  Z  I  O  H  A  N  S  H  R  C
P  R  V  E  N  S  T  V  O  D  U  A  F  E
```

ŠPORTNIK	EKIPA
BASEBALL	PRVENSTVO
KOŠARKA	SODNIK
GIBANJE	IGRA
HOKEJ	IGRALEC
KOLO	STADION
ZMAGOVALEC	TENIS
GOLF	TRENER
GIMNASTIKA	

22 - Mythologie

```
N N L U S T V A R J A N J E
P E A V E D E N J E U D S L
H S B I T J E V V W S N M E
C M I E A T P Z W K F I R G
W R R J S B G Q R A B B T E
A T I U V A R H E T I P N N
P N N K S Z O T Z A V I I D
J O T F U K M Q Q S W K Q A
U S Š F F L J Q S T R E L E
N T Y A R G T Č A R O B N O
A L U E S O U U D O J C Y O
K V H P Q T L E R F M O Č I
B O J E V N I K A A C Y G U
Y F N Z M A Š Č E V A N J E
```

ARHETIP
STRELE
GROM
JUNAK
NEBESA
KATASTROFA
USTVARJANJE
BITJE
BOJEVNIK
KULTURA

LABIRINT
LEGENDA
ČAROBNO
POŠAST
MAŠČEVANJE
MOČ
SMRTNI
NESMRTNOST
VEDENJE

23 - Restaurant #2

```
Y  L  M  G  T  D  K  D  P  A  J  Z  I  P
W  G  Z  W  W  I  H  A  Q  C  R  Ž  L  R
O  J  S  Y  O  B  M  B  S  T  O  L  K  E
L  N  F  P  U  Z  V  H  O  U  V  I  Z  D
O  Y  R  J  Q  V  L  F  L  K  N  C  D  J
P  D  V  E  Č  E  R  J  A  O  Y  A  D  E
S  Y  L  K  R  I  B  E  T  S  L  C  T  D
A  N  V  I  L  I  C  E  A  I  E  U  O  U
D  T  Z  A  Č  I  M  B  E  L  D  E  R  T
J  U  H  A  O  N  K  M  P  O  K  B  T  T
E  V  O  D  A  M  O  N  A  T  A  K  A  R
Z  E  L  E  N  J  A  V  A  E  S  P  N  D
L  G  Z  A  R  E  Z  A  N  C  I  O  M  U
D  U  P  I  J  A  Č  A  I  Z  D  G  L  B
```

VEČERJA	TORTA
LED	ŽLICA
RIBE	KOSILO
SADJE	REZANCI
VILICE	SOLATA
ZELENJAVA	SOL
PIJAČA	STOL
ZAČIMBE	JUHA
NATAKAR	PREDJED
ODLIČNO	VODA

24 - Ökologie

```
N A R A V A R R I S R V E T
N A R A V N I D P Q A R U R
D N W A Y R P W R N S S S A
W D H H L P T J E V T T F J
G M F W A O F H Ž I L E N N
E O M F L D D A I R I D T O
V Č R B W N F B V I N F N S
C V Q E P E D I E N E L S T
U I S B I B F T T Q A O U N
A R Z J F J C A J K C R Š O
U J Q K U E E T E D L A A S
V E G E T A C I J A P F D U
M O R S K I G L O B A L N O
S K U P N O S T I K F A Q R
```

VRSTE	MORSKI
GORE	TRAJNOSTNO
SUŠA	NARAVA
FAVNA	NARAVNI
FLORA	RASTLINE
SKUPNOSTI	VIRI
GLOBALNO	MOČVIRJE
PODNEBJE	PREŽIVETJE
HABITAT	VEGETACIJA

25 - Schokolade

```
N Y Y K T M C Q G B P O I A
K A R O M A A O K N O S E N
G A J M I I C S B U E N E T
H R R L S L A D K O R Y D I
R A E A J B O D L I Č N O O
E Š E N M U K A L O R I J K
P I K Y K E B D N E F T T S
E D S D A O L Š L J E S T I
N I O G K V K A I P O L S D
E M T Q O M O C Q R K A F A
N G I F V N K C L A U D U N
J D Č C O P O I L H S K C T
E Z N A S Y S A R B W O F M
T V O G T R E C E P T W F Y
```

ANTIOKSIDANT
AROMA
GRENKO
ARAŠIDI
JESTI
EKSOTIČNO
NAJLJUBŠI
OKUS
CACAO
KALORIJ

KARAMELA
KOKOS
ODLIČNO
PRAH
KAKOVOST
RECEPT
SLADKO
HREPENENJE
SLADKOR

26 - Boote

```
O  J  G  N  V  V  E  G  M  U  I  L  C  Q
R  C  E  K  Z  A  P  O  S  A  D  K  A  Y
J  E  E  S  P  L  A  V  W  N  D  O  K  B
A  I  Š  A  I  O  N  A  V  T  I  Č  N  O
M  P  P  I  N  V  W  R  S  R  G  N  N  J
B  B  S  R  L  I  R  R  U  A  Y  C  F  A
O  P  M  D  S  N  S  O  K  J  A  H  T  A
R  K  A  N  U  P  I  H  U  E  W  F  R  N
J  E  Z  E  R  O  D  Č  M  K  A  J  A  K
T  H  I  C  T  K  R  M  O  T  O  R  D  U
C  W  P  T  N  Z  O  I  R  L  R  L  V  D
J  A  D  R  N  I  C  A  J  E  N  I  R  Y
N  E  W  R  C  I  S  B  E  U  K  B  V  D
J  Z  S  N  F  S  B  D  C  V  Q  A  B  J
```

SIDRO	MORJE
BOJA	MOTOR
POSADKA	NAVTIČNO
DOK	OCEAN
TRAJEKT	REŠILNI ČOLN
SPLAV	JEZERO
REKA	JADRNICA
KAJAK	VRV
KANU	VALOVI
JAMBOR	JAHTA

27 - Stadt

```
P A H S K E K K U G H M C M
E P O K S F F T I I G U V R
K G T L N D V P C N T Z E R
A A E E B J K S Š U O E T I
R L L T R G I Q O A B J L H
N E B A N K A G L D R F I S
A R P L S N T I A G L L Č V
H I R I T J I K C R I C A L
Y J W Š A I M M T W N W R E
E A J Č D Ž F Q J H M A Z K
G K S E I N U N I V E R Z A
M Z N S O I K L I N I K A R
B L U O N C W F I Y N Y A N
I R E S T A V R A C I J A A
```

LEKARNA
BANKA
PEKARNA
KNJIŽNICA
CVETLIČAR
KNJIGARNA
LETALIŠČE
GALERIJA
HOTEL

KINO
KLINIKA
TRG
MUZEJ
RESTAVRACIJA
ŠOLA
STADION
UNIVERZA

28 - Aktivitäten

```
Q D U A K T I V N O S T V S
U G P M P L E T E N J E R P
C D L A E Y I A Y F V Q T R
K Q N G B T H I Z A K N N O
M E Y I W W N H F K V L A S
L C R J V L S O B R T I R T
U B R A N J E S S M U G J I
Ž O D R M U O V W T P R E T
I M S A Š I V A N J E E N E
T K W L O V K P L E S O J V
E E Y H I B O A R Y U W E N
K T C P V K R I B O L O V S
F O T O G R A F I J A U R W
N M P L K A M P I R A N J E
```

AKTIVNOST	UMETNOST
RIBOLOV	OBRTI
KAMPIRANJE	BRANJE
SPROSTITEV	MAGIJA
FOTOGRAFIJA	ŠIVANJE
VRTNARJENJE	IGRE
SLIKA	PLETENJE
LOV	PLES
KERAMIKA	UŽITEK

29 - Bienen

```
V O S E K S V R T B M F Z K
S U Q G S U E C V E T M B R
Y O P R A Š E V A L E C E D
H B A P D V N E P H E V R D
J W N K J F B T R A K E A I
T M J Q E Q P J Y B O T Z M
Ž U Ž E L K E E R I S N N V
K O R I S T N O U T I I O T
I R H G W N S H Z A S P L B
L K I A Q E R O J T T R I T
M F S L Y T R D N T E A K B
W H G H A U T L A C M H O U
K R A L J I C A W B E R S D
R A S T L I N E B M I U T K
```

OPRAŠEVALEC
PANJ
CVETJE
CVET
KRILA
SADJE
VRT
MED
ŽUŽELKE
KRALJICA

HABITAT
EKOSISTEM
RASTLINE
CVETNI PRAH
DIM
ROJ
SONCE
RAZNOLIKOST
KORISTNO
VOSEK

30 - Wissenschaftliche Disziplinen

```
F  C  I  M  B  A  N  F  V  A  I  E  G  O
J  B  K  J  Q  I  N  Z  U  V  E  K  E  V
E  Y  D  R  D  Y  O  A  N  W  E  O  O  N
Z  I  B  M  G  F  Q  K  T  J  I  L  L  K
I  M  D  H  A  Y  B  I  E  O  U  O  O  Q
K  U  Q  P  A  M  I  M  D  M  M  G  G  B
O  N  E  U  G  Z  M  I  V  I  I  I  I  O
S  O  C  I  O  L  O  G  I  J  A  J  J  T
L  L  M  M  E  H  A  N  I  K  A  A  A  A
O  O  P  S  I  H  O  L  O  G  I  J  A  N
V  G  K  E  M  I  J  A  O  Q  E  U  G  I
J  I  A  S  T  R  O  N  O  M  I  J  A  K
E  J  Z  B  I  O  L  O  G  I  J  A  T  A
Q  A  R  H  E  O  L  O  G  I  J  A  C  F
```

ANATOMIJA	GEOLOGIJA
ARHEOLOGIJA	IMUNOLOGIJA
ASTRONOMIJA	JEZIKOSLOVJE
BIOKEMIJA	MEHANIKA
BIOLOGIJA	EKOLOGIJA
BOTANIKA	PSIHOLOGIJA
KEMIJA	SOCIOLOGIJA

31 - Vögel

```
T  G  G  B  W  J  P  A  V  L  I  Y  D  P
P  E  L  I  K  A  N  I  P  D  Y  M  U  I
Š  V  W  O  V  J  D  I  N  G  J  F  V  Š
T  E  L  Z  Z  C  O  G  I  G  P  K  A  Č
O  V  H  Q  U  E  R  R  O  E  V  Z  A  A
R  R  E  C  M  U  E  G  D  S  Y  I  R  N
K  A  F  A  R  Q  L  T  Q  G  D  C  N  E
L  N  M  H  Č  A  P  L  J  A  C  G  J  C
J  A  K  M  U  M  C  Z  P  L  S  O  S  D
A  S  M  Q  U  R  J  A  A  E  V  L  V  S
F  L  A  M  I  N  G  O  P  B  S  O  D  T
V  R  A  B  E  C  E  L  I  L  A  B  O  D
V  R  A  V  E  N  T  U  G  I  S  O  V  A
S  K  M  Z  H  K  U  K  A  V  I  C  A  I
```

OREL	PAPIGA
JAJCE	PELIKAN
RACA	PAV
SOVA	PINGVIN
FLAMINGO	RAVEN
GOS	ČAPLJA
PIŠČANEC	LABOD
VRANA	VRABEC
KUKAVICA	ŠTORKLJA
GALEB	GOLOB

32 - Garten

```
T B Z D J V E G R M H L T B
V R T U N I Z A R I B N I K
E R W V G S D R Q A T T K A
R O L S T E R A S A B S O U
A K R A R Č E Ž V S Z L O E
N O L D A A V A H C Y R J G
D G O O M M O T R F E J F E
A R P V P R S T B C Y V E U
H A A N O E P L E V E L M D
T J T J L Ž F T Y E B V H T
S A A A I A T R A T A O P N
D O R K N U F A B F I J J L
E B P G M J M V K B L R F T
B W D S A C I A P D N A V M
```

KLOP	TRATA
DREVO	GRABLJE
CVET	LOPATA
PRST	CEV
GRM	RIBNIK
GARAŽA	TERASA
VRT	TRAMPOLIN
TRAVA	PLEVEL
VISEČA MREŽA	VERANDA
SADOVNJAK	OGRAJA

33 - Antarktis

```
T  L  M  Y  R  L  Y  W  I  Q  R  V  N  G
E  F  U  Z  C  H  E  C  K  Z  A  L  I  V
M  U  T  E  B  E  V  D  W  Z  Z  S  E  V
P  O  L  O  T  O  K  M  M  J  I  M  K  Z
E  O  V  E  T  R  O  V  I  Y  S  O  S  C
R  H  V  R  E  M  E  B  N  I  K  O  P  S
A  R  I  L  G  G  O  C  E  D  O  K  E  K
T  A  R  E  A  N  T  D  R  C  V  O  D  A
U  N  P  D  R  T  D  Q  A  C  A  L  I  L
R  J  Y  E  K  C  F  E  L  E  L  J  C  N
A  A  T  N  L  Y  H  D  I  L  E  E  I  A
W  N  U  I  Z  E  Q  P  T  I  C  E  J  T
S  J  E  K  F  R  I  C  H  N  Z  K  A  A
I  E  H  I  G  E  O  G  R  A  F  I  J  A
```

ZALIV	CELINA
LED	MINERALI
OHRANJANJE	TEMPERATURA
EKSPEDICIJA	OKOLJE
SKALNATA	PTICE
RAZISKOVALEC	VODA
GEOGRAFIJA	VREME
LEDENIKI	VETROVI
POLOTOK	

34 - Fahren

```
K R N H P T O V O R N J A K
U W E I L O V A R N O S T R
D S S T I G L Z A V O R E N
Z V R R N G P I G H Q P K E
V T E O W M Z G C U S O Q V
Z Z Č S P O Z O R I B M F A
A E A T C T M R Y N J S P R
V V M O T O C I K E L A R N
T H T L P R E V O Z G V O O
O W K O J Q O O S T A M M S
C I M Q B E M E B U R S E T
G O Z C A U V O I N A B T W
L I Q W Q Z S I H E Ž I M Q
L I C E N C A U D L A E Q N
```

AVTO
ZAVORE
GORIVO
AVTOBUS
GARAŽA
PLIN
NEVARNOST
HITROST
ZEMLJEVID
LICENCA

TOVORNJAK
MOTOR
MOTOCIKEL
POLICIJA
VARNOST
PREVOZ
TUNEL
NESREČA
PROMET
POZOR

35 - Bücher

```
P  J  S  B  R  A  L  E  C  S  C  W  L  K
U  R  T  P  K  M  T  P  W  C  Z  Y  I  O
S  E  R  J  P  P  L  S  P  W  B  R  T  N
T  L  A  W  N  S  H  K  J  Y  I  I  E  T
O  E  N  M  D  I  E  I  N  C  R  Z  R  E
L  V  D  J  L  W  H  R  Z  R  K  N  A  K
O  A  V  T  O  R  K  V  I  G  A  A  R  S
V  N  O  Š  R  O  M  A  N  J  O  J  N  T
Š  T  J  P  A  P  E  S  E  M  A  D  O  V
Č  N  N  I  Z  L  P  R  F  Q  K  L  B  D
I  O  O  S  R  U  J  N  U  C  A  J  Q  A
N  I  S  N  F  N  Z  I  I  A  P  I  E  V
A  N  T  O  C  E  H  S  V  Q  O  V  A  M
V  P  P  O  E  Z  I  J  A  B  B  Q  I  O
```

PUSTOLOVŠČINA	ZBIRKA
AVTOR	KONTEKST
DVOJNOST	BRALEC
EPSKI	LITERARNO
IZNAJDLJIV	POEZIJA
PESEM	RELEVANTNO
ZGODBA	ROMAN
PISNO	STRAN
ŠALJIV	SERIJA

36 - Menschlicher Körper

```
D Q K U D A H N V L J O W H
Q E G H N H D O R O K A M C
K N F O R J O G A V U N W K
M O Ž G A N I A T D N H G P
T S Ž L M M I S C D V P L Z
W M H A A N O P R S T H E Q
L Y W V T J K R I C Č E Ž Z
W U J A U K O M O L E C E B
O J T G W N L L B B L L N R
H P U F B E E M R E J Y J A
P Z A S W I N O A M U I E D
U I N C T O O R Z M S P Z A
Y W W F O A J R H F T T I M
V V P L T A W E Q R C I K N
```

NOGA	ČELJUST
KRI	BRADA
KOMOLEC	KOLENO
PRST	GLEŽENJ
MOŽGANI	GLAVA
OBRAZ	USTA
VRAT	NOS
ROKA	UHO
KOŽA	RAMA
SRCE	JEZIK

37 - Klettern

```
P O H O D N I Š T V O J F Q
V P S T A B I L N O S T I G
S J N R O K A V I C E E Z A
N T U D E F U O I O T R I T
Z H R L I W A D O Š P E Č M
E D T O B Y J N O K I N N O
M Č R S K M N I Z O T N I S
L O E L G O C K K R W P A F
J B N L G V V I A N N B B E
E Z I M A Q P N R J A M A R
V C N W R D L S J I S R D A
I T G S G J A V I A M O Č C
D P O Š K O D B A Q K D R W
R A D O V E D N O S T I W P
```

ATMOSFERA	ZEMLJEVID
TRENING	RADOVEDNOST
STROKOVNJAK	FIZIČNI
VODNIKI	OZKA
TEREN	STABILNOST
ROKAVICE	MOČ
ČELADA	ŠKORNJI
VIŠINA	POŠKODBA
JAMA	POHODNIŠTVO

38 - Landschaften

```
M V P F S R V A E T J T O W
O U P L E D E N I K B A L H
R L U A A P O L O T O K M F
J K Š G F Ž E A L M T O K A
E A Č U M A A H G N O A Y T
M N A N R O L K O J K Z B U
T D V A J A Y O R E K A E N
P U A M D O F Q A Z A E B D
S H R I B Q F Q G E J Z I R
J L D O L I N A A R F C D A
G N A N D T Z E V O M J C N
D Z O P B N L F H U Y N W Z
L E D E N A G O R A C O Z K
M O Č V I R J E T K Y L M S
```

GORA	MORJE
LEDENA GORA	OAZA
REKA	JEZERO
GEJZIR	PLAŽA
LEDENIK	MOČVIRJE
POLOTOK	DOLINA
JAMA	TUNDRA
HRIB	VULKAN
OTOK	SLAP
LAGUNA	PUŠČAVA

39 - Abenteuer

```
N P R I J A T E L J I D Z J
E O I T I N E R A R O R F M
N L V U N A V D U Š E N J E
A N P O T O V A N J A F W I
V P R E S E N E T L J I V O
A E Q Z L A I L A P E Z N D
D V S D B E Z Z K R O Q R T
N A D E N R L N T I Z G J C
O R E Z L S E E I P L U U A
E N A G I J T V V R P C V M
G O M S A L E A N A R A V A
P S P Q I W F R O V G F W E
K T A M T H T N S A S F D Q
C I L J L E P O T A D Z F D
```

AKTIVNOST
IZLET
NAVDUŠENJE
VESELJE
PRIJATELJI
NEVARNO
NARAVA
NOVO
POTOVANJA

ITINERAR
LEPOTA
VARNOST
POGUM
NENAVADNO
PRESENETLJIVO
PRIPRAVA
CILJ

40 - Flugzeuge

```
D Z U B J G N K E P J S V U
I N H B B R J A P I B T I C
Z R A K W A M G O L E N Š P
A M W I W D G H S O T D I K
J G E I F N W U A T A W N M
N E B O D J P Y D D M L A O
N T H L Z A D V K L V S M T
A T M O S F E R A K C I P O
P U S T O L O V Š Č I N A R
I B B Z G O D O V I N A H I
H I A Q E W Y S E S T O P C
N Z L T U R B U L E N C A V
I G O R I V O T V O D I K W
J W N P O T N I K V R E M E
```

PUSTOLOVŠČINA	VIŠINA
SESTOP	GRADNJA
ATMOSFERA	ZRAK
NAPIHNI	MOTOR
BALON	POTNIK
GORIVO	PILOT
POSADKA	TURBULENCA
DIZAJN	VODIK
ZGODOVINA	VREME
NEBO	

41 - Haartypen

```
E  Q  K  H  R  L  A  W  M  Y  S  H  L  V
S  B  Z  E  P  H  J  E  E  K  S  U  H  A
P  L  E  T  E  N  O  P  H  I  M  F  T  L
Z  O  L  O  F  K  D  L  K  T  Y  E  V  O
Q  N  S  I  J  O  Č  E  O  E  P  D  B  V
O  D  I  N  B  D  T  Š  B  W  E  B  E  I
Č  J  V  V  F  R  T  A  N  E  K  C  L  T
J  R  A  C  Q  A  I  S  D  I  L  S  A  A
F  J  N  H  H  S  P  T  K  O  D  R  I  U
R  A  P  A  V  T  E  R  R  Z  H  E  H  B
D  V  Y  Y  Y  I  S  T  A  O  D  B  P  J
D  O  L  G  A  I  Y  A  T  V  Q  R  N  M
D  O  G  N  M  R  S  D  E  S  E  O  A  Z
I  Y  R  T  C  Z  H  A  K  W  E  Y  D  V
```

BLOND	DOLGA
RJAV	KODRI
DEBEL	KODRASTI
TANEK	ČRNA
PLETENO	SREBRO
ZDRAV	SUHA
SIJOČE	MEHKO
SIVA	BELA
PLEŠAST	VALOVITA
KRATEK	KITE

42 - Essen #1

```
R  C  C  H  K  S  O  L  W  K  J  E  M  R
Q  I  S  I  H  O  M  L  M  H  U  K  L  C
E  M  E  D  V  L  B  T  I  L  H  O  F  G
Y  E  U  E  L  A  N  T  J  M  A  R  P  H
L  T  Q  E  B  T  Š  E  B  L  O  E  G  R
U  H  O  M  B  A  P  Q  A  B  R  N  L  U
E  T  M  L  C  R  I  D  Z  U  N  J  A  Š
S  U  Č  E  S  E  N  B  I  M  J  E  R  K
V  N  R  K  B  P  A  B  L  E  W  P  A  A
J  A  G  O  D  A  Č  T  I  S  A  V  Š  Y
S  O  K  U  H  T  A  S  K  O  A  W  I  T
S  L  A  D  K  O  R  R  A  W  Z  K  D  F
T  B  V  A  N  Č  E  B  U  L  A  M  R  D
V  O  J  A  P  K  A  K  K  A  V  A  W  O
```

BAZILIKA	SOK
HRUŠKA	SOLATA
JAGODA	SOL
ARAŠID	ŠPINAČA
MESO	JUHA
KAVA	TUNA
KORENJE	CIMET
ČESEN	LIMONA
MLEKO	SLADKOR
REPA	ČEBULA

43 - Gebäude

```
S  T  O  L  P  Z  L  K  M  O  F  D  L  B
F  H  G  J  D  S  T  A  D  I  O  N  A  O
M  O  P  L  A  K  H  B  Š  G  T  K  B  L
Q  T  B  H  E  E  E  I  O  A  O  O  O  N
A  E  K  D  O  D  F  N  T  R  V  V  R  I
K  L  N  P  C  E  A  A  O  A  A  V  A  Š
M  U  Z  E  J  N  A  L  R  Ž  R  N  T  N
E  A  T  K  V  J  E  J  I  A  N  O  O  I
T  S  E  C  J  N  Q  D  B  Š  A  T  R  C
I  A  H  O  S  T  E  L  Y  Š  Č  I  I  A
J  U  N  I  V  E  R  Z  A  O  G  E  J  T
A  P  J  B  Š  I  M  G  K  L  K  I  N  O
E  M  W  O  H  A  I  P  W  A  G  C  J  T
O  B  S  E  R  V  A  T  O  R  I  J  R  N
```

KMETIJA	MUZEJ
TOVARNA	OBSERVATORIJ
GARAŽA	SKEDENJ
HIŠA	ŠOLA
HOSTEL	STADION
HOTEL	GLEDALIŠČE
KABINA	STOLP
KINO	UNIVERZA
BOLNIŠNICA	ŠOTOR
LABORATORIJ	

44 - Angeln

```
Q P K Y R J E U W Ž D V A O
P L R T E H E Q Z I M T Q C
P A E E H Y M Z M C E Š P R
H Ž K P T E Ž A E A E K F P
J A A S Y I C S K R K R B N
K U H A T I R T L M O G C L
V O C E A N N A F W C E W J
O O Š G R A T I V S B S B G
D P L A V U T I U A G K F S
A A P K R Y A Č O L N L K E
Y M V B M A A J W I H J F Z
Č E L J U S T B L S T U E O
C C W F V F E N H J Z K D N
I L O P R E M A Z D V A B A
```

OPREMA	ŠKRGE
ČOLN	KUHATI
ŽICA	KOŠARA
PLAVUTI	VABA
REKA	OCEAN
TEŽA	JEZERO
KLJUKA	PLAŽA
SEZONA	PRETIRAVANJE
ČELJUST	VODA

45 - Regenwald

```
S P O Š T O V A N J E Q C P
Q F R A Z N O L I K O S T O
D E D E Z A T O Č I Š Č E D
U T Q D Ž U N G L A K F N N
O B L A K I S E S A L C I E
P Z O I L D V O Ž I V K E B
O L S N T R Q E O H E V M J
N A R A V A R P T I C E A E
S K U P N O S T O J P W H P
A V T O H T O N A V E P Q T
B O T A N I Č N I V R S T E
C L T J C G S M V R E D N O
L T J Z D I B B I U F B U R
C V G H D Ž U Ž E L K E H Z
```

DVOŽIVKE	NARAVA
VRSTE	SPOŠTOVANJE
BOTANIČNI	SESALCI
DŽUNGLA	PREŽIVETJE
AVTOHTONA	RAZNOLIKOST
SKUPNOST	PTICE
ŽUŽELKE	VREDNO
PODNEBJE	OBLAKI
MAH	ZATOČIŠČE

46 - Essen #2

```
P  J  O  G  U  R  T  A  F  K  V  V  S  A
Č  A  A  O  A  I  S  I  R  B  R  C  I  R
E  J  R  B  B  B  D  V  Š  A  I  U  E  T
Š  C  Z  A  O  E  Y  L  P  N  Ž  E  H  I
N  E  Y  S  D  L  L  U  A  A  B  G  R  Č
J  Y  O  R  K  I  K  V  R  N  F  R  B  O
A  J  A  V  J  M  Ž  O  G  A  U  G  B  K
Z  E  L  E  N  A  T  N  J  D  A  O  S  A
Š  U  N  K  A  N  M  Q  I  Q  N  D  A  J
N  Z  Z  D  U  D  B  R  O  K  O  L  I  R
S  Č  O  K  O  L  A  D  A  N  W  C  Q  H
P  I  I  D  J  J  A  J  Č  E  V  E  C  H
E  Z  W  P  Š  E  N  I  C  A  P  N  W  U
O  S  T  Y  S  V  N  M  I  S  N  F  H  M
```

JABOLKO	ČEŠNJA
ARTIČOKA	MANDLJEV
JAJČEVEC	GOBA
BANANA	RIŽ
BROKOLI	ŠUNKA
KRUH	ČOKOLADA
JAJCE	ZELENA
RIBE	ŠPARGJI
JOGURT	PARADIŽNIK
SIR	PŠENICA

47 - Familie

```
Z C O T P J O S Ž U U J O S
E T T Č R Z M D E D E K K T
P M R C E I Z C N S A M F R
K A O K D T P D A J T B L I
N T K Ž N T O B O W E R M C
E E F D I C S V E L T A A H
Č R Y E K Y G J S C A T T Č
A N L K G I J G T K F R I I
K A J T B A B I C A I A K K
I U O T R O Š T V O V N U K
N K T B A M O Č E V P E D N
J N T G T N E Č A K V C T M
A B C M T F S V E M T S T E
J B R H H U E J E R V F N U
```

BRAT	NEČAK
ŽENA	NEČAKINJA
MOŽ	STRIC
VNUK	SESTRA
BABICA	TETA
DEDEK	HČI
OTROK	OČE
OTROŠTVO	OČETOVSKI
MATI	BRATRANEC
MATERNA	PREDNIK

48 - Pflanzen

```
B  R  Š  L  J  A  N  I  Q  Z  B  C  J  C
I  O  G  W  Z  E  L  I  Š  Č  A  V  A  V
T  D  T  E  G  L  H  V  D  I  M  E  G  E
V  R  T  A  K  O  R  E  N  Z  B  T  O  T
K  E  A  Y  N  E  Z  N  F  V  U  N  D  R
H  V  Z  V  L  I  S  T  J  E  S  I  I  P
H  O  J  D  A  H  K  S  G  G  C  L  Č  M
G  N  O  J  I  L  O  A  N  E  I  I  J  A
O  Q  R  C  C  S  K  I  G  T  G  S  E  H
Z  F  L  O  R  A  A  B  A  A  R  T  D  U
D  R  I  Q  A  O  K  I  Y  C  M  U  Z  W
E  Y  E  Ž  V  R  T  E  V  I  N  C  S  Q
U  Q  L  V  O  R  U  V  T  J  N  H  G  V
R  Q  A  Q  H  L  S  R  R  A  E  M  Z  A
```

BAMBUS	FLORA
DREVO	VRT
JAGODIČJE	TRAVA
CVET	KAKTUS
CVETNI LIST	ZELIŠČA
FIŽOL	LISTJE
BOTANIKA	MAH
GRM	VEGETACIJA
GNOJILO	GOZD
BRŠLJAN	KOREN

49 - Kunst

```
N K R E C R P K Q I V O U C
A I A K S E R E F Z I S S T
D P Z O I Z E R S V Z E T H
R A P M M M D A R I U B V A
E R O P B E M M T R A N A Q
A S L L O A E I M N L O R Y
L T O E L E T K S I N N I I
I V Ž K F U Z A O K O G T Z
Z O E S U S L I K E R I I R
E H N K C J M L J M V E G A
M W J R Y Q E Y T A O E N Z
F C E N A V D I H N J E N V
P R E P R O S T O C R I J V
E J F K V M T S E S T A V A
```

IZRAZ	OSEBNO
ISKREN	POEZIJA
PREPROSTO	USTVARITI
PREDMET	KIPARSTVO
SLIKE	RAZPOLOŽENJE
NAVDIHNJEN	NADREALIZEM
KERAMIKA	SIMBOL
KOMPLEKS	VIZUALNO
IZVIRNIK	SESTAVA

50 - Gewürze

```
P W K V A N I L I J A Z Q T
O A D A G Q Y P A P R I K A
P K C J R K O R O M A Č U J
E E U F E D Q M A B H Ž R A
R J R S N J A M O G S A K N
R P R L K H V M A L P F U E
Y D Y A O Z F J O N K R M Ž
B S K D W O C H Y M I A A J
S O L K K U M I N A S N Y D
S N C O K K F Č D P L D F G
K O R I A N D E R R O L J C
H P B B M U Y S I N G V E R
N W Z Q M E P E B K P Q M Q
Č E B U L A T N J Y W Z B S
```

JANEŽ	KURKUMA
GRENKO	PAPRIKA
CURRY	POPER
KOROMAČ	ŽAFRAN
OKUS	SOL
INGVER	KISLO
KARDAMOM	SLADKO
ČESEN	VANILIJA
KORIANDER	CIMET
KUMINA	ČEBULA

51 - Gemüse

```
A  W  C  B  I  F  K  U  M  A  R  A  Š  Č
R  A  P  E  T  E  R  Š  I  L  J  P  P  E
T  K  J  F  G  H  O  L  J  K  E  R  I  B
I  O  A  Q  D  J  M  U  N  V  F  E  N  U
Č  C  J  W  F  M  P  L  N  I  M  P  A  L
O  A  Č  A  K  U  I  A  I  F  C  A  Č  A
K  P  E  E  O  T  R  Z  O  E  V  F  A  I
A  D  V  B  R  A  B  I  S  Č  E  S  E  N
Z  V  E  U  E  O  R  M  C  U  T  U  M  G
G  E  C  Č  N  S  O  L  A  T  A  U  L  V
R  O  L  E  J  V  K  J  I  B  Č  Y  W  E
A  L  B  E  E  D  O  M  K  Y  A  G  E  R
H  E  L  A  N  V  L  M  Y  Q  H  Q  I  W
G  K  R  Q  U  A  I  J  O  N  J  N  L  L
```

ARTIČOKA	BUČE
JAJČEVEC	OLJKE
CVETAČA	PETERŠILJ
BROKOLI	GOBA
GRAH	REPA
KUMARA	SOLATA
INGVER	ZELENA
KORENJE	ŠPINAČA
KROMPIR	ČEBULA
ČESEN	

52 - Katzen

N	B	R	E	P	G	I	H	F	O	U	F	V	O
O	V	A	S	I	P	U	U	V	K	K	B	O	S
R	F	D	I	V	J	I	K	R	R	E	J	I	E
O	L	O	V	E	C	G	S	M	E	Š	N	O	B
Q	F	V	S	N	E	O	D	V	I	S	N	A	N
L	G	E	Q	P	Q	T	O	H	O	I	P	Q	O
L	L	D	S	R	A	P	A	E	I	B	W	M	S
K	V	E	R	E	S	N	R	A	G	T	E	E	T
M	R	N	N	J	D	I	J	S	R	T	R	V	M
A	U	Z	R	A	G	H	I	E	I	P	D	O	I
L	B	Y	N	Y	D	L	D	I	V	F	K	R	Š
O	A	Y	O	O	O	Z	M	O	V	Q	E	L	A
S	R	A	M	E	Ž	L	J	I	V	K	B	Q	P
T	C	P	Z	C	F	M	M	I	V	Z	N	E	A

KRZNO	HITRO
PREJA	SRAMEŽLJIV
LOVEC	REP
SMEŠNO	NEODVISNA
MIŠ	NORO
RADOVEDEN	IGRIV
OSEBNOST	MALO
ŠAPA	DIVJI
SPANJE	

53 - Tanzen

```
O  K  F  U  K  J  B  T  N  J  D  T  K  V
Č  U  S  T  V  O  N  R  C  H  K  E  O  E
P  D  I  T  N  M  J  A  G  E  P  L  R  S
V  W  R  Q  G  I  B  A  N  J  E  O  E  E
S  Y  Y  Ž  C  L  R  I  T  E  M  O  O  L
M  O  J  Z  A  P  A  R  T  N  E  R  G  O
I  T  G  M  I  L  O  S  T  G  K  I  R  K
U  M  E  T  N  O  S  T  B  V  L  P  A  U
K  U  L  T  U  R  N  I  G  A  A  J  F  L
V  I  Z  U  A  L  N  O  M  J  S  H  I  T
U  A  K  A  D  E  M  I  J  A  I  V  J  U
J  H  T  G  S  Z  K  T  O  D  Č  O  A  R
G  I  W  E  F  P  I  B  R  G  N  L  Q  A
Q  G  F  S  H  A  K  I  Z  R  A  Z  N  O
```

AKADEMIJA	TELO
MILOST	KULTURA
IZRAZNO	KULTURNI
GIBANJE	UMETNOST
KOREOGRAFIJA	GLASBA
ČUSTVO	PARTNER
VESELO	VAJA
DRŽA	RITEM
KLASIČNA	VIZUALNO

54 - Ernährung

```
R F U R K B P B H F U H V Z
F S Z K A Z R E R E Ž B I T
D K I M K D E L A R I G T A
I A K Q O R B J N M T A A U
E L V Z V A A I E N H M R
T O R D O V V K L N A O I F
A R M R S Q A O O T F K N N
T I R A T S F V V A W U M O
G J U V K I L I T C T S G L
R Y C J R A V N O I Ž E V G
E A P E T I T E K J L I Ž T
N H O M C E O K S A P Q T A
K U D K B N R F I Z Y N Q A
O M N W P P V O N U Q O L M
```

APETIT
GRENKO
DIETA
UŽITNA
FERMENTACIJA
OKUS
ZDRAV
ZDRAVJE
ŽITA
TEŽA

KALORIJ
HRANILO
DEL
BELJAKOVINE
KAKOVOST
OMAKA
TOKSIN
PREBAVA
VITAMIN

55 - Technologie

```
R G T P V I R U S H P M Z P
A O K T R G R Q M W O A G K
Z B L O G I V T C B D P T J
I R S J V P K T R P A A I R
S S T Q I L Z A D D T J N Q
K K A M R S J K Z I K Q T P
A A T K T P C D U G I F E I
V L I C U O S I Q I Z Z R S
E N S V A R N O S T A T N A
B I T M L O Z M F A S C E V
J K I E N Č O O P L L D T A
N A K O O I J Y R N O O E S
W R A G W L Z G N O N E M I
N V M R F O T O A P A R A T
```

PRIKAZ	RAZISKAVE
ZASLON	INTERNET
BLOG	FOTOAPARAT
BRSKALNIK	SPOROČILO
BAJTI	PISAVA
KURZOR	VARNOST
MAPA	STATISTIKA
PODATKI	VIRTUALNO
DIGITALNO	VIRUS

56 - Wasser

```
Y K K P O P L A V A V J J N
I K N R M V O V A N Z N W T
Q Z U H B I K S N C H M S U
N L P A Z M R Z A L Y K I P
J A K A N A L G G V R E K A
G S M Y R R Z M G D L U R L
E N O A U E H P P A R A M E
J E N Y K E V P I T N O G D
Z G S D D A P A D E Ž R W A
I Q U W N G N L N F O K Y L
R L N S I C C J M J C A G O
J E Z E R O I L E Y E N V E
V A L O V I P E V L A Ž N O
Z K Q Y Y Z T N M F N J E F
```

NAMAKANJE	ORKAN
PARA	KANAL
PRHA	MONSUN
LED	OCEAN
VLAŽNO	DEŽ
VLAGA	SNEG
REKA	JEZERO
POPLAVA	PITNO
ZMRZAL	IZPAREVANJE
GEJZIR	VALOVI

57 - Science Fiction

```
U  M  P  D  S  F  A  E  V  M  I  F  S  R
T  J  L  I  P  U  Y  K  E  T  M  A  K  E
O  G  A  S  W  T  J  S  L  E  A  N  R  O
P  E  N  T  Y  U  S  T  I  H  G  T  I  R
I  K  E  O  G  R  E  R  L  N  I  A  V  A
J  S  T  P  N  I  M  E  U  O  N  S  N  K
A  P  K  I  H  S  K  M  Z  L  A  T  O  E
R  L  Y  J  U  T  Z  N  I  O  R  I  S  L
P  O  Ž  A  R  I  S  O  J  G  N  Č  T  J
C  Z  B  T  C  Č  V  V  A  I  O  N  N  Z
K  I  N  O  V  N  E  M  B  J  G  O  O  S
T  J  U  J  T  O  T  U  Y  A  K  E  F  J
N  A  H  K  R  I  S  C  E  N  A  R  I  J
I  G  A  L  A  K  S  I  J  A  M  Y  C  E
```

KNJIGE	IMAGINARNO
DISTOPIJA	KINO
EKSPLOZIJA	ORAKELJ
EKSTREMNO	PLANET
FANTASTIČNO	ROBOTI
POŽAR	SCENARIJ
FUTURISTIČNO	TEHNOLOGIJA
GALAKSIJA	UTOPIJA
SKRIVNOSTNO	SVET
ILUZIJA	

58 - Haustiere

```
O P A P I G A U C W E I Z E
V W O T L M F V K M Q N K Z
R H J V D I T S C U V O D A
A K L H O F E V O C Ž A F J
T H W V R D U N J K K E Q E
N H M L I A E F P A R O K C
I P A R B M N C H V E I U D
K F Č W E R Z A R G M O Š E
A C K W P M M M Č G P K Č C
Ž H A C Q V A I E L L H A U
E K R A V A T Š K P J F R K
L R E P J V E T E R I N A R
V G O B P J K O Z A B I S C
A O Y S P E S V G T S N R F
```

KUŠČAR	KRAVA
HRANA	POVODEC
RIBE	MIŠ
HRČEK	PAPIGA
ZAJEC	ŽELVA
PES	REP
MAČKA	VETERINAR
MUCKA	VODA
OVRATNIK	KUŽEK
KREMPLJI	KOZA

59 - Geburtstag

```
K O L E D A R L R P V F Z H
V P S S A I J S Z R E D A N
C N H Y V A B I L A S A B R
H H R P D E E G L Z E R A C
P E S E M Q Č Y E N L I V L
R D Q F L A H E H O I L A R
I J M K A R T E C V U O T O
J L O P D J Z A B A V N O J
A E D O L Q M G A N V P R E
T T R S M G P A F J E Y T N
E O O E R G W Y T E S T A S
L R S B P E B F Č S E K Z B
J A T E U Y U C A Y L U D V
I Q B N E G M I S L O Y K M
```

VABILA   KARTE
PRAZNOVANJE   SVEČE
VESELO   TORTA
PRIJATELJI   PESEM
ROJEN   ZABAVA
DARILO   ZABAVNO
VESEL   POSEBEN
LETO   DAN
MLAD   MODROST
KOLEDAR   ČAS

60 - Literatur

```
C  A  V  T  O  R  F  T  O  J  A  F  Y  W
G  N  A  T  E  I  I  E  P  N  L  G  B  C
P  E  S  E  M  T  K  M  I  F  T  J  I  A
G  K  G  G  O  E  C  A  S  V  L  I  O  N
E  D  T  R  Z  M  I  T  J  O  O  I  G  A
T  O  S  J  V  P  J  O  N  H  E  Z  R  L
Ž  T  L  L  T  R  A  G  E  D  I  J  A  O
A  A  O  A  T  O  I  J  M  I  I  H  F  G
N  Y  G  Z  E  M  M  M  R  A  S  H  I  I
R  W  W  O  C  A  E  U  A  L  W  S  J  J
H  N  Q  J  E  N  P  B  D  O  V  K  A  A
M  E  T  A  F  O  R  A  R  G  Q  L  I  J
A  N  A  L  I  Z  A  G  L  A  A  E  U  S
V  I  G  P  O  E  T  I  Č  N  O  P  U  Y
```

ANALOGIJA	METAFORA
ANALIZA	POETIČNO
ANEKDOTA	RIMA
AVTOR	RITEM
OPIS	ROMAN
BIOGRAFIJA	SKLEP
DIALOG	SLOG
FIKCIJA	TEMA
PESEM	TRAGEDIJA
ŽANR	

61 - Wandern

```
Š H Y A G V Z Q N U U O O W
D K Q F O R V E E O G R K Z
I A O R R E Ž I V A L I Z W
V M I R A M J B A Z W E E P
J P M N N E U N R N C N M O
I I E A C J L N N O J T L D
L R U R P I I M O T P A J N
N A T A V D L K S O N C E E
M N R V R O H I T F N I V B
D J U A H L D K I T Z J I J
C E J N I I T A J N E A D E
B B E P P I V M Q N U Ž A D
D K N U V O D N I K I F K O
P A R K I P R I P R A V A A
```

GORA
KAMPIRANJE
VODNIKI
NEVARNOSTI
VRH
ZEMLJEVID
PODNEBJE
UTRUJEN
NARAVA
ORIENTACIJA

PARKI
TEŽKA
SONCE
KAMNI
ŠKORNJI
ŽIVALI
PRIPRAVA
VODA
VREME
DIVJI

62 - Länder #2

```
O L T N I G E R I J A E E K
F N L U K R A J I N A T T U
L R Y T I Č R I W P E Z I E
J H A I T I C R G S W B O M
L A P N Z J R U D Q F O P E
I A P D C A S S U D A N I H
B L A O S I R I J A V R J I
E B K T N S J J A I P K A K
R A I K E S U A M V R D U A
I N S E P L K N A L L S L E
J I T N A T F A J D A Z K H
A J A I L O V Y K D R I R A
U A N J Z H P C A O D Z K I
U D D A W B U G A N D A S M
```

ALBANIJA	LIBERIJA
ETIOPIJA	MEHIKA
FRANCIJA	NEPAL
GRČIJA	NIGERIJA
HAITI	PAKISTAN
IRSKA	RUSIJA
JAMAJKA	SUDAN
JAPONSKA	SIRIJA
KENIJA	UGANDA
LAOS	UKRAJINA

63 - Fahrzeuge

```
L P V O G O B A P H T D M K
E K L Č E H W A N E R B N O
T A A M O T O R E L A O E L
A O K D B L E A V I K C S O
L S V F B C N K M K T Y P E
O A P O B M R E A O O V B B
Y F I F R Q L T T P R W A V
S P L A V N M A I T C T V N
B J L I I M J K K E O A T E
A V T O Y M E A E R A K O I
U Y B T R A J E K T J S B S
P O D M O R N I C A P I U H
K A R A V A N A I D J M S F
L Z S K U T E R E S R T R H
```

AVTO	RAKETA
ČOLN	PNEVMATIKE
AVTOBUS	SKUTER
KOLO	TAKSI
TRAJEKT	TRAKTOR
SPLAV	PODMORNICA
LETALO	VAN
HELIKOPTER	KARAVANA
TOVORNJAK	VLAK
MOTOR	

64 - Badezimmer

```
D O T C L U R V O I V P M B
S S T C B O T U Š P H R E R
O Y M S M Q S U R A H E H I
G O B A W V V J S R Q P U S
L K S M I L O V O A Y R R A
E P O T H A D W Q N D O Č Č
D A V P R Š A M P O N G K A
A A G H E A J O O I A A I W
L R F N C L N P A R F U M P
O D V P Y C J I Q G I V K V
Z H O V W Z H P Š K A R J E
U S H H B E I A E Č C S C N
Q T Q Q C B A Z B N E R E J
P K J E F D B Y B T K A E C
```

KOPEL	GOBA
MEHURČKI	MILO
PARA	ŠAMPON
TUŠ	OGLEDALO
BRISAČA	PREPROGA
LOSJON	STRANIŠČE
PARFUM	VODA
ŠKARJE	PIPA

65 - Musikinstrumente

```
C F Q O Z Y H F V P L T H O
F A G O T M M G I H C A Z B
K W G M V B M K O T I M R O
K I U H F A J I L H Q B O A
F L T H A R F A O A W U K S
L G A A W G G O N G V R Q A
A F Q R R N L Y Č P I I O K
V O I P I A K O E V P N R S
T S R M A N D O L I N A G O
A C I P V A E B O B E N L F
V I O L I N A T Q A P I I O
B H M M T R O B E N T A C N
F U T O L K A L A J N Q E Q
Z V O N Č K I T R O M B O N
```

BANJO	KLAVIR
VIOLONČELO	MANDOLINA
FAGOT	ORGLICE
FLAVTA	OBOA
VIOLINA	TROMBON
KITARA	SAKSOFON
ZVONČKI	TOLKALA
GONG	TAMBURIN
HARFA	BOBEN
KLARINET	TROBENTA

66 - Blumen

```
M A G N O L I J A M L M C J
P A S I J O N K A M S Z V A
S V R G A R D E N I J A E S
I R E J N F R L Q C M E T M
V T G P E D E T E L J A N I
K N R P O T O N I K A H I N
A I A L L F I D R S T I L A
Q C T H I D H C M O U B I F
Š A G J D E G P A N L I S N
O R H I D E J A K Č I S T G
P L U M E R I A L N P K B F
E L I L A K M E F I A U I H
K Y V J F U K N B C N S O Y
E C K D A R G H L A N F A W
```

CVETNI LIST   MAGNOLIJA
GARDENIJA   MAK
MARJETICA   ORHIDEJA
HIBISKUS   PASIJONKA
JASMINA   POTONIKA
DETELJA   PLUMERIA
SIVKA   VRTNICA
LILA   SONČNICA
LIJA   ŠOPEK
REGRAT   TULIPAN

67 - Natur

```
D T A J T M Y I J G Q M Y Č
I R E K A I E V G D O L T E
V O R G O R E G D I B Z R B
J P U J L N R E L N L K D E
I S Y Y K O O O V A A G P L
K K P O P O Z S S M K K Y E
Ž I V A L I I D J I I Z H S
L I S T J E J V Y Č L Y D H
P J P U Š Č A V A N M S A K
S V E T I Š Č E D O T B K D
Y Z G S L W O D M U I H E K
L E P O T A A R K T I K A Q
L E D E N I K O F Z U F A E
M E Q Q L A Q P V G V E C A
```

ARKTIKA
GORE
ČEBELE
DINAMIČNO
EROZIJA
REKA
MIRNO
LEDENIK
SVETIŠČE
VEDRO

LISTJE
MEGLA
LEPOTA
ŽIVALI
TROPSKI
GOZD
DIVJI
OBLAKI
PUŠČAVA

68 - Urlaub #2

```
G  K  V  L  A  K  E  R  E  Š  O  T  O  R
P  P  A  M  K  A  T  N  I  M  T  U  L  O
O  O  S  M  D  T  W  M  G  O  O  J  E  P
Č  T  T  J  P  L  A  Ž  A  R  K  E  T  R
I  O  U  N  V  I  K  I  U  J  R  C  A  O
T  V  J  K  I  P  R  Z  O  E  B  I  L  S
N  A  W  T  Z  L  A  I  K  R  L  I  T  T
I  N  T  I  U  Q  I  I  N  T  P  J  Š  I
C  J  P  Q  M  T  M  S  O  J  A  L  Č  Č
E  E  H  O  T  E  L  Q  T  E  E  K  E  A
R  E  S  T  A  V  R  A  C  I  J  A  S  S
Z  E  M  L  J  E  V  I  D  O  R  Y  B  I
G  R  E  W  U  V  J  A  D  K  E  T  A  P
P  R  E  V  O  Z  Q  N  W  L  Q  Y  N  O
```

TUJEC
TUJ
KAMPIRANJE
LETALIŠČE
PROSTI ČAS
HOTEL
OTOK
ZEMLJEVID
MORJE
POTNI LIST

POTOVANJE
RESTAVRACIJA
PLAŽA
TAKSI
PREVOZ
POČITNICE
VIZUM
ŠOTOR
CILJ
VLAK

69 - Zirkus

```
F G Q B B A L O N I M A L S
O L Q P U B W B Z G H P E P
K E B A F G H G F M F Q V E
G D J M T V Q I K V T G U K
R A H O Ž O N G L E R R A T
D L E O I Z W T L Č I C K A
W E T N V O P I C A K Z R K
M C H I A V A G Q R S A O U
K A P Z L N R E N O L B B L
L O G T I I A R P V O A A A
O U S I Q C D O O N N V T R
V P Y T J A A R J I Y A P N
N F R K U A L H W K U T S O
Š O T O R M W V P Z J I C C
```

OPICA	GLASBA
AKROBAT	PARADA
BALONI	SPEKTAKULARNO
KLOVN	ŽIVALI
SLON	TIGER
VOZOVNICA	TRIK
ŽONGLER	ZABAVATI
KOSTUM	ČAROVNIK
LEV	ŠOTOR
MAGIJA	GLEDALEC

70 - Barbecues

```
L L G H W L Z W H V P G S R
D B Z L H M Q L A K O T A U
V K N Q A M N W Y Z P M D Z
L O B S G S G P O L E T J E
H S Z C B V B D T B R A E L
T I G R E E Y A R K L H B E
N L V R O Č E C O U V J Q N
S O L A T E O D C H Ž V I J
D W Ž Y Z R K N I A P I F A
Ž A R I Y J F J M N I L N V
W P I Š Č A N E C J Q I U A
K O M A K A S O L E D C Y I
U Y H O H M Z P F E C E K C
R G F H C U G V Z K M J N E
```

VEČERJA
DRUŽINA
SADJE
VILICE
ZELENJAVA
ŽAR
VROČE
PIŠČANEC
LAKOTA
OTROCI

KUHANJE
NOŽI
KOSILO
GLASBA
POPER
SOLATE
SOL
POLETJE
OMAKA
IGRE

71 - Küche

```
Z  P  R  T  I  Č  E  K  J  D  V  I  Z  S
A  K  J  Z  O  W  F  T  N  J  T  R  A  K
J  I  I  J  H  G  D  G  C  G  Q  Ž  Č  L
E  J  L  J  L  L  W  J  V  P  B  L  I  E
M  P  R  E  D  P  A  S  N  I  K  I  M  D
A  H  L  A  D  I  L  N  I  K  Y  C  B  A
L  V  G  O  B  A  L  H  W  H  W  E  E  S
K  V  I  L  I  C  E  R  P  A  L  Č  K  E
A  R  D  J  E  L  Ž  A  R  E  C  E  P  T
U  I  F  O  Y  T  O  N  F  I  O  C  E  F
Z  A  M  R  Z  O  V  A  L  N  I  K  Č  H
S  K  O  D  E  L  I  C  E  E  Q  N  I  D
Q  O  W  N  O  Ž  I  Z  W  I  Q  B  C  L
K  O  T  L  I  Č  E  K  Q  D  P  N  A  I
```

HRANA	NOŽI
PALČKE	PEČICA
VILICE	RECEPT
ZAMRZOVALNIK	PREDPASNIK
ZAČIMBE	SKLEDA
ŽAR	GOBA
ZAJEMALKA	PRTIČEK
VRČ	SKODELICE
HLADILNIK	KOTLIČEK
ŽLICE	

72 - Schach

```
G  Z  G  T  P  Z  C  L  V  H  G  N  O  P
O  Z  T  Č  R  M  M  B  B  H  T  Q  I  A
E  Z  O  N  A  T  E  Č  A  J  I  A  O  S
S  M  Č  O  V  S  T  T  M  C  J  S  P  I
T  U  K  D  I  A  G  O  N  A  L  N  O  V
R  W  S  R  L  E  N  F  D  Y  P  K  K  N
A  B  V  N  A  S  P  R  O  T  N  I  K  O
T  P  Z  P  E  L  B  I  Č  U  E  S  U  Q
E  P  R  V  A  K  J  I  G  R  A  L  E  C
G  U  L  N  Y  L  B  W  R  N  N  Z  E  Y
I  G  R  A  K  R  A  L  J  I  C  A  B  H
J  N  I  C  B  E  L  A  N  R  R  L  R  K
A  Y  Ž  R  T  V  O  V  A  T  I  F  V  W
O  D  Z  S  S  Z  K  Q  Y  E  Y  Q  U  I
```

PRVAK	ČRNA
DIAGONALNO	IGRA
NASPROTNIK	IGRALEC
KRALJ	STRATEGIJA
KRALJICA	TURNIR
ŽRTVOVATI	BELA
PASIVNO	NATEČAJ
TOČK	ČAS
PRAVILA	

73 - Erhaltung

```
N A R A V N I C P K L T M J
R O P K E M I K A L I J E F
E C I K E L Z M A N J Š A J
C K P G O K O L J S K I T I
I M O H G D B V O D A T R M
K G D H Z D R A V J E S A P
L O N E S N A Ž E V A N J E
I Z E P K E Ž B F T B H N S
R E B H Q K E Y Z I O A O T
A L J J L F V Y Z U U B S I
J E E O R G A N S K I I T C
F N R D L O N S D W A T N I
O A C T B Q J Q K L G A O D
P D D U A H E S V R I T T P
```

IZOBRAŽEVANJE	ORGANSKI
KEMIKALIJE	PESTICID
ZDRAVJE	RECIKLIRAJ
ZELENA	ZMANJŠAJ
PODNEBJE	OKOLJSKI
HABITAT	ONESNAŽEVANJE
TRAJNOSTNO	VODA
NARAVNI	CIKEL

74 - Geographie

```
J  Z  U  W  W  E  Z  Y  D  Z  A  H  O  D
F  E  R  N  E  M  K  A  N  U  I  S  Z  H
B  M  E  S  T  O  T  V  Q  T  S  C  E  Z
P  L  P  V  O  R  P  R  A  O  I  P  M  B
O  J  L  E  Q  J  F  O  O  T  O  K  L  A
L  E  I  T  S  E  Q  Y  L  P  O  M  J  B
D  V  I  Š  I  N  A  N  S  O  I  R  E  O
N  I  P  I  T  H  F  B  T  E  B  L  W  G
E  D  F  F  G  Y  B  G  B  U  G  L  M  N
V  R  E  G  I  J  A  A  Z  O  O  F  A  Q
N  Ž  R  K  E  I  M  T  S  Q  R  U  U  A
I  A  E  J  H  C  E  L  I  N  A  S  G  B
K  V  K  G  O  K  A  A  T  O  C  E  A  N
T  A  A  S  R  D  A  S  E  V  E  R  R  F
```

ATLAS	DRŽAVA
EKVATOR	MORJE
GORA	POLDNEVNIK
REKA	SEVER
OZEMLJE	OCEAN
POLOBLA	REGIJA
VIŠINA	MESTO
OTOK	TROPI
ZEMLJEVID	SVET
CELINA	ZAHOD

75 - Zahlen

```
S D E C I M A L N O S E M S
C D E V A P P E M T E Š D E
D E R V C E C L N R D T V D
K V E C E T Q U T I E I A E
Š E A B Š T I R I N M R N M
E T O J E E F U D A D I A N
S N S D S P Q Y I J P N J A
T A E V T E K H M S N A S J
N J M U M T T Y F T K J T S
A S N R H N R L S D E S E T
J T A Z J A N S M Y N T S U
S F J B O J E I J S I D R R
T B S V K S H Z Y W Č V C I
F B T K A T A I C M N A R W
```

OSEM	ŠEST
OSEMNAJST	ŠESTNAJST
DECIMALNO	SEDEM
TRI	SEDEMNAJST
TRINAJST	ŠTIRI
PET	ŠTIRINAJST
PETNAJST	DESET
DEVET	DVAJSET
DEVETNAJST	DVA
NIČ	DVANAJST

76 - Kunst Liefert

```
S  C  F  N  W  B  B  P  I  A  O  E  R  S
T  A  B  E  L  A  A  W  O  G  Č  Y  I  V
O  P  A  P  I  R  R  A  D  I  R  K  A  I
L  G  B  T  D  V  V  K  F  N  N  H  H  N
Q  O  L  J  E  I  E  R  O  Z  I  C  L  Č
E  U  M  J  J  C  O  I  T  M  L  L  R  N
V  O  D  A  E  E  P  L  O  R  O  E  I  I
O  H  Z  E  S  R  H  V  A  T  V  K  B  K
Š  Č  E  T  K  E  M  J  P  G  I  E  N  I
R  S  T  O  J  A  L  O  A  L  Z  B  A  C
L  E  P  I  L  O  H  R  R  I  G  Z  U  W
Y  A  E  Z  T  Z  W  C  A  N  S  D  P  N
M  G  F  P  R  N  Q  U  T  A  V  T  N  Q
U  S  T  V  A  R  J  A  L  N  O  S  T  G
```

AKRIL	OLJE
SVINČNIKI	PAPIR
BARVICE	RADIRKA
ŠČETKE	STOJALO
BARVE	STOL
OGLJE	TABELA
IDEJE	ČRNILO
FOTOAPARAT	GLINA
USTVARJALNOST	VODA
LEPILO	

77 - Tage und Monate

```
Z  J  N  O  P  F  U  K  E  H  J  S  T  T
V  U  E  K  U  E  N  I  D  L  A  E  O  E
S  N  D  T  B  B  T  G  M  P  N  P  R  D
M  I  E  O  L  R  A  E  T  O  U  E  E  E
I  J  L  B  C  U  V  H  K  N  A  E  K  N
D  U  J  E  Z  A  G  T  J  E  R  M  O  I
N  L  A  R  W  R  U  D  G  D  D  B  K  L
O  I  J  K  M  E  S  E  C  E  Z  E  T  Z
V  J  P  O  S  B  T  C  O  L  R  R  T  P
E  V  R  L  I  A  H  E  G  J  L  E  T  O
M  S  R  E  D  A  D  M  T  E  T  I  Y  M
B  T  Y  D  Q  K  R  B  K  K  C  G  J  G
E  Q  C  A  D  B  Č  E  T  R  T  E  K  B
R  Q  O  R  L  W  J  R  S  O  B  O  T  A
```

AVGUST	KOLEDAR
DECEMBER	SREDA
TOREK	MESEC
ČETRTEK	PONEDELJEK
FEBRUAR	NOVEMBER
PETEK	OKTOBER
LETO	SOBOTA
JANUAR	SEPTEMBER
JULIJ	NEDELJA
JUNIJ	TEDEN

78 - Piraten

```
Z Z P P C K P M P Z D U V S
A E Q O G S C C L S L P K O
S M B S S L A B A M E A I G
T L S A P H F E Ž H G P T N
A J I D K H B D A Y E I Q O
V E D K W E E W E T N G V D
A V R A R K J A M A D A O L
Z I O G H O J A V R A O K M
A D T C Q V K A P I T A N E
K K O M P A S U A N S W D Č
L E K F E N E V A R N O S T
A F O D M C Q P U U V F J I
D J N T T I I Z V M V W N S
P U S T O L O V Š Č I N A H
```

PUSTOLOVŠČINA   KOMPAS
SIDRO   LEGENDA
POSADKA   KOVANCI
ZASTAVA   PAPIGA
NEVARNOST   RUM
ZLATO   ZAKLAD
JAMA   SLAB
OTOK   MEČ
KAPITAN   PLAŽA
ZEMLJEVID

79 - Emotionen

```
P  T  N  A  M  U  P  W  V  U  Ž  J  U  S
R  O  K  D  B  S  P  H  R  E  A  E  H  P
E  N  C  J  U  Y  U  J  E  M  L  Z  V  R
S  P  O  K  O  J  N  O  S  T  O  A  A  O
E  T  M  N  H  F  U  N  L  M  S  N  L  Š
N  P  R  I  J  A  Z  N  O  S  T  B  E  Č
E  L  Z  A  N  H  H  N  B  R  K  G  Ž  E
Č  U  S  A  H  A  S  O  Č  U  T  J  E  N
E  U  C  A  M  G  V  H  G  J  T  B  N  M
N  R  E  L  I  E  F  D  O  L  G  Č  A  S
J  M  I  R  R  C  L  J  U  B  E  Z  E  N
E  L  V  S  E  B  I  N  A  Š  C  L  T  B
S  E  Y  Y  N  I  I  V  E  S  E  L  J  E
N  E  Ž  N  O  S  T  Z  H  L  N  N  O  N
```

STRAH	LJUBEZEN
NAVDUŠEN	RELIEF
HVALEŽEN	SPOKOJNOST
SPROŠČEN	MIREN
VESELJE	SOČUTJE
PRIJAZNOST	ŽALOST
MIR	PRESENEČENJE
VSEBINA	JEZA
DOLGČAS	NEŽNOST

80 - Zu Füllen

```
Z  S  E  L  M  P  W  O  K  K  P  O  K  A
P  B  I  C  U  R  Q  W  Z  O  L  V  M  Y
K  A  P  F  Š  E  O  L  U  Š  A  O  G  R
U  Z  K  F  K  D  O  J  H  A  D  J  V  F
C  E  V  E  A  A  L  Q  M  R  E  N  A  C
J  N  K  D  T  L  Ž  E  P  A  N  I  Z  B
R  P  O  P  L  O  V  I  L  O  J  C  A  V
V  J  H  Z  A  B  O  J  T  L  M  A  W  E
S  T  E  K  L  E  N  I  C  A  A  R  C  D
G  W  B  O  F  B  D  F  Y  Y  P  J  I  R
B  U  L  V  M  R  O  Z  G  A  A  M  A  O
O  N  B  Č  Q  M  A  R  S  Y  S  O  D  R
K  A  D  E  M  V  C  C  G  A  Z  A  O  Z
V  F  T  K  U  P  C  G  H  Z  K  R  S  Y
```

BAZEN
ŠKATLA
VEDRO
SOD
STEKLENICA
ZABOJ
KOVČEK
KOŠARA
JAR
MAPA

PAKET
CEV
PLOVILO
PREDAL
PLADENJ
ŽEP
OVOJNICA
VAZA
KAD

81 - Surfen

```
Š  R  T  P  R  V  A  K  D  C  I  C  P  Z
N  P  Ž  E  L  O  D  E  C  S  C  V  R  A
Q  E  O  P  P  A  Z  R  F  S  B  E  I  B
F  N  R  R  K  C  Ž  C  O  L  B  S  L  A
Y  A  F  B  T  D  Z  A  M  O  Č  L  J  V
K  I  J  I  K  N  H  W  N  G  F  O  U  N
T  S  C  B  O  I  B  O  R  Q  F  B  O
L  Y  V  W  L  C  T  K  Ž  H  S  I  L  D
N  N  R  A  Q  E  R  I  I  B  F  T  J  L
V  R  E  N  L  A  O  F  C  B  O  S  E  Y
D  G  M  N  G  N  S  B  E  E  S  R  N  O
Z  M  E  E  K  S  T  R  E  M  N  O  O  Z
Z  A  Č  E  T  N  I  K  G  R  E  B  E  N
H  T  V  U  A  U  Y  C  Y  L  B  L  A  O
```

ZAČETNIK	VESLO
ŠPORTNIK	GREBEN
PRILJUBLJENO	PENA
PRVAK	ZABAVNO
EKSTREMNO	MOČ
HITROST	SLOG
ŽELODEC	PLAŽA
MNOŽICE	VAL
OCEAN	VREME

82 - Kräuterkunde

```
K  R  P  E  T  E  R  Š  I  L  J  F  F  S
N  O  O  S  E  S  T  A  V  I  N  A  D  D
P  K  R  Ž  H  P  K  O  R  I  S  T  N  O
H  U  J  O  M  O  D  S  E  Y  M  T  Ž  C
H  S  T  H  M  A  G  Z  R  B  A  I  A  D
K  U  L  I  N  A  R  I  K  A  J  M  F  V
T  S  A  R  R  O  Č  I  P  C  A  I  R  P
O  C  A  U  W  M  E  S  N  W  R  J  A  E
Z  E  L  E  N  A  S  I  U  H  O  A  N  H
K  O  P  E  R  O  E  V  R  T  N  N  C  T
V  H  B  D  U  L  N  K  M  P  U  Y  Y  R
C  V  E  T  S  F  B  A  Z  I  L  I  K  A
K  A  K  O  V  O  S  T  B  B  G  K  H  N
A  R  O  M  A  T  I  Č  N  O  Q  N  V  C
```

AROMATIČNO	KULINARIKA
BAZILIKA	SIVKA
CVET	MAJARON
KOPER	PETERŠILJ
PEHTRAN	KAKOVOST
KOROMAČ	ROŽMARIN
VRT	ŽAFRAN
OKUS	TIMIJAN
ZELENA	KORISTNO
ČESEN	SESTAVINA

83 - Tugenden #1

```
K U Č I N K O V I T O V J P
V O S K R O M E N D M H J R
E D R Č N E O D V I S N A A
L L U I S E J F K J D T P K
I O M S S T F D M L M S K T
K Č E T D T R H T V H M Y I
O I T W B T N A M L N E C Č
D L N V V Z F O S C U Š T N
U E I Q K J K J E T O N T O
Š N Š R M M G E C Q E O E B
E M K B H D O B R O D N L Y
N P A P E R A D O V E D E N
O C Y P O T R P E Ž L J I V
N W Q E U N O Č A R L J I V
```

SKROMEN
OČARLJIV
UČINKOVITO
ODLOČILEN
POTRPEŽLJIV
VELIKODUŠEN
DOBRO
KORISTNO

SMEŠNO
UMETNIŠKA
STRASTEN
RADOVEDEN
PRAKTIČNO
ČIST
NEODVISNA
MODER

84 - Aktivitäten und Freizeit

```
Y  Y  T  P  L  A  V  A  N  J  E  I  A  S
S  W  F  E  G  O  L  F  U  Y  Y  B  B  P
O  A  J  Z  N  E  N  I  B  E  F  F  Z  R
D  V  H  O  B  I  J  I  V  Z  A  B  U  O
B  P  R  B  O  K  S  V  Y  T  M  T  M  Š
O  Z  H  T  P  O  T  O  V  A  N  J  E  Č
J  W  R  B  N  Š  H  M  W  P  O  H  T  U
K  A  B  O  B  A  S  E  B  A  L  L  N  J
A  A  Z  Q  W  R  R  R  G  P  I  V  O  O
I  Q  V  O  P  K  P  J  S  L  Q  Z  S  Č
V  D  E  S  K  A  N  J  E  L  R  N  T  E
N  O  G  O  M  E  T  Z  W  N  I  K  D  E
R  I  B  O  L  O  V  N  G  P  J  K  E  I
V  O  K  A  M  P  I  R  A  N  J  E  A  U
```

RIBOLOV	GOLF
BASEBALL	HOBIJI
KOŠARKA	UMETNOST
BOKS	POTOVANJE
KAMPIRANJE	PLAVANJE
SPROŠČUJOČE	DESKANJE
NOGOMET	TENIS
VRTNARJENJE	ODBOJKA
SLIKA	

85 - Formen

```
P  L  V  O  B  G  H  L  F  L  H  K  Q  J
K  R  I  V  U  L  J  A  O  R  E  V  L  H
G  S  I  M  P  P  C  C  V  K  N  A  S  P
R  C  F  Z  Č  G  O  V  A  O  I  D  T  Y
W  J  T  P  M  R  S  O  L  C  H  R  O  C
Q  P  O  I  C  O  T  G  N  K  O  A  Ž  M
S  O  K  R  O  G  I  A  A  A  D  T  E  W
U  L  R  A  S  L  E  L  I  P  S  A  C  G
W  I  O  M  T  R  I  K  O  T  N  I  K  D
M  G  G  I  R  O  B  O  V  I  M  T  V  D
F  O  L  D  H  I  P  E  R  B  O  L  A  Y
C  N  A  A  T  F  Y  I  S  E  A  B  L  Q
P  R  A  V  O  K  O  T  N  I  K  P  J  O
Q  F  M  J  T  K  L  D  S  T  R  A  N  E
```

LOK	OVALNA
TRIKOTNIK	POLIGON
VOGAL	PRIZMO
ELIPSA	PIRAMIDA
HIPERBOLA	KVADRAT
ROBOVI	PRAVOKOTNIK
STOŽEC	OKROGLA
KROG	STRAN
KRIVULJA	KOCKA
ČRTA	VALJ

86 - Adjektive #2

```
J P V I K R E A T I V N O D
F R Z M S C E P W N E N U R
Y M L A Č N I C H Z R B N A
P M U N N S V E Ž E O Q O M
R I Ž O D I V J I M D H R A
O P I S N O M O Č N O E M T
D O T L D D S I T O S L A I
U N N A L G N J V V T E L Č
K O A V R O A W L O O G N N
T S E E D V R Z T V J A O O
I E L N B O A D Z T N N F J
V N J A G R V R L S O T E G
N V Y I N E N A W T V N N Q
O E T H G N I V B R Z O J Z
```

VERODOSTOJNO
SLAVEN
OPISNO
DRAMATIČNO
ELEGANTNO
UŽITNA
SVEŽE
ZDRAV
LAČNI
ZANIMIVO

KREATIVNO
NARAVNI
NOVO
NORMALNO
PRODUKTIVNO
SLAN
MOČNO
PONOSEN
ODGOVOREN
DIVJI

87 - Kleidung

```
O V A F C Q P V K S P A V K
F B S R A J C A A C U P A S
U F L L C W L H V O L I P K
T F A E D E M L B T O Ž R W
L B A G K U P A O F V A E E
O P L L R A K Č J B E M D A
Š B M R I W L E K M R E P Z
V A L Y L L O Y E M O D A K
C H L U O K B S F P K V S E
A T R J Z G U A T L A N N K
R Q K G J A K N A A V A I B
Č E V E L J A H E Š I K K K
O G R L I C A R G Č C I U V
Z A P E S T N I C A E T E W
```

ZAPESTNICA	OBLEKA
BLUZA	PLAŠČ
PAS	MODA
OGRLICA	PULOVER
ROKAVICE	KRILO
SRAJCA	ŠAL
HLAČE	PIŽAME
KLOBUK	NAKIT
JAKNA	ČEVELJ
KAVBOJKE	PREDPASNIK

88 - Sommer

```
O L J T H Y S S P O M I N I
K F M U L Y W R Z J I G Y T
C R K D K B F L K V N R Y K
P O T A P L J A N J E E P P
K D S H R A N A J O G Z D T
A R P S I S U H I D W U D Z
M U R A J P T Y G Q H K G E
P Ž O N A Z D G E E D G L V
I I S D T P R O S T I Č A S
R N T A E P L A Ž A C P S B
A A I L L D O P U S T Y B P
N K T I J M O R J E I H A Y
J R E S I V E S E L J E S V
E S V R T P O T O V A N J E
```

KNJIGE

MORJE

KAMPIRANJE

GLASBA

SPROSTITEV

POTOVANJE

SPOMINI

SANDALI

HRANA

IGRE

DRUŽINA

ZVEZDE

PROSTI ČAS

PLAŽA

VESELJE

POTAPLJANJE

PRIJATELJI

DOPUST

VRT

89 - Farben

```
R  Z  K  C  K  T  B  B  K  M  Z  I  F  R
O  E  B  R  U  M  E  N  A  Y  L  N  U  M
Z  L  V  I  J  O  L  I  Č  N  A  D  K  N
A  E  Z  M  O  R  A  N  Ž  N  A  I  S  R
B  N  A  S  O  G  S  G  H  P  D  G  I  J
E  A  R  O  E  Z  E  A  D  N  I  O  J  A
Ž  Q  T  N  S  P  F  T  P  U  L  U  A  V
R  G  U  K  L  L  I  W  Y  L  P  Q  G  J
F  H  Y  L  P  H  M  A  G  E  N  T  A  S
K  A  H  G  S  B  C  S  S  L  T  J  O  H
C  W  R  D  E  Č  A  S  I  A  C  S  T  Z
W  L  M  O  D  R  A  I  R  N  S  N  B  B
M  H  Z  E  A  N  T  V  S  D  J  P  Y  I
U  A  F  G  M  A  E  A  Y  F  Y  A  L  C
```

BEŽ	MAGENTA
MODRA	ORANŽNA
RJAV	CRIMSON
FUKSIJA	ROZA
RUMENA	RDEČA
SIVA	ČRNA
ZELENA	SEPIA
INDIGO	BELA
VIJOLIČNA	SINJA

90 - Haus

```
P V M S T R E H A J M K H D
G O H E T R D G Z V W N C S
E P H Z T R I U T I Q J D W
S O K I Q L O K N O A I L Y
P D U D Š E A P L G J Ž R B
A S H W Y T S L V R U N U G
L T I H R O V C K A M I N V
N R N U H K E O B J C C N R
I E J T Z A T H G A R A Ž A
C Š A U Q D I M N I K R Q T
A J J Š B P L V R T S O B A
H E T D V Z K N N O S Y O T
D M I J D F A C T S Q K T O
U J O G L E D A L O U L J Q
```

METLA	KUHINJA
KNJIŽNICA	SVETILKA
STREHA	POHIŠTVO
PODSTREŠJE	SPALNICA
STROP	DIMNIK
TUŠ	OGLEDALO
OKNO	VRATA
GARAŽA	ZID
VRT	OGRAJA
KAMIN	SOBA

91 - Bauernhof #1

```
M E D I L P I Š Č A N E C M
A I Z U L O G O A C P I A K
Č T S A R L V Ň V Z E Y V S
K O Z A T J P L O P S Y U R
A V O D A E S J U J A R B I
P R A Š I Č L J G V I P M Ž
O N M Q B B S E N O L L S C
K M E T I J S T V O L S O H
Č Z E M L J I Š Č E O S E L
J E O G R A J A V T B I Q S
Y B B R C U Q L R K I G E G
H Z K E C W L L A N U Z A T
K N A U L M K O N J W W P E
M O Z K R A V A A W R R P R
```

ČEBELA   VRANA
GNOJILO   KRAVA
OSEL   ZEMLJIŠČE
POLJE   KMETIJSTVO
SENO   KONJ
MED   RIŽ
PIŠČANEC   PRAŠIČ
PES   VODA
TELE   OGRAJA
MAČKA   KOZA

92 - Berufe #1

```
K A L U O I G V N A A G W U
S A M G E O L O G S C L O M
O G R B O D U D F T P A Z E
T T R T A Z J O L R I S L T
F L C F O S E V H O A B Z N
T T V W R G A O T N N E I I
T R E N E R R D R O I N M K
B Y L D H D I A O M S I E Q
Z K R O J A Č R F R T K H T
R L P D Z V E T E R I N A R
I R A Č U N O V O D J A N M
F S D T P L E S A L K A I L
W Z D R A V N I K H I I K Z
L O V E C R B A N K I R N J
```

ZDRAVNIK	VODOVODAR
ASTRONOM	UMETNIK
BANKIR	MEHANIK
AMBASADOR	GLASBENIK
RAČUNOVODJA	PIANIST
GEOLOG	KROJAČ
LOVEC	PLESALKA
ZLATAR	VETERINAR
KARTOGRAF	TRENER

93 - Adjektive #1

```
Q N A W E T P O P O L N B E
O M R E I E E M G U K Q R H
P G O Q Z D T O L R V I E T
M N M T E Ž K A O O O M K A
V E A V E S E L B Z D M N N
V D T T V A B S O L U T N O
R O I A T D K A K T I V N O
E L Č N W R S U O P C D F M
D Ž N E D I D E N T I Č N O
N E O K T P R I V L A Č N A
O N Q R V P Z M T E M N O P
U M E T N I Š K A P U N I W
I J M I S K R E N A L O O V
M O D E R N O P O Č A S E N
```

ABSOLUTNO
AKTIVNO
AROMATIČNO
PRIVLAČNA
TEMNO
TANEK
ISKREN
VESEL
IDENTIČNO
UMETNIŠKA

POČASEN
MODERNO
POPOLN
OGROMNO
LEPA
TEŽKA
GLOBOKO
NEDOLŽEN
VREDNO

94 - Mathematik

```
E  P  Q  R  Q  H  K  L  E  B  P  I  S  T
Z  V  T  D  P  A  V  D  K  H  R  W  I  R
V  S  O  T  A  A  A  P  S  S  A  D  M  I
W  Z  G  N  S  R  D  O  P  O  V  E  E  K
R  S  P  C  F  I  R  L  O  L  O  C  T  O
Q  F  E  O  G  T  A  I  N  S  K  I  R  T
P  V  N  B  R  M  T  G  E  F  O  M  I  N
O  P  A  S  K  E  L  O  N  E  T  A  J  I
L  R  Č  E  O  T  D  N  T  R  N  L  A  K
M  E  B  G  T  I  A  N  V  A  I  N  V  S
E  M  A  N  I  K  I  Q  O  W  K  O  J  N
R  E  P  A  R  A  L  E  L  O  G  R  A  M
E  R  B  Q  E  O  K  C  U  L  O  M  E  K
P  R  A  V  O  K  O  T  N  O  B  E  R  N
```

ARITMETIKA	POLIGON
ULOMEK	KVADRAT
DECIMALNO	POLMER
TRIKOTNIK	PRAVOKOTNIK
PREMER	PRAVOKOTNO
EKSPONENT	VSOTA
ENAČBA	SIMETRIJA
SFERA	OBSEG
VZPOREDNO	KOTI
PARALELOGRAM	

95 - Messungen

```
C Y I T S Š I R I N A C C M
J T K H T H J G P T Z E G F
R D Q U O Q U F B V Z N L C
D Z O I P A L C A I M T O U
Q O M I N U T A Q Š Q I B G
L H L M J N Y I P I Q M I M
J L I Ž A U O N V N B E N A
W P T K I L O G R A M T A S
P T E Ž A N G B A J T E Y A
W V R R M L A R K J G R Z W
M C E D E C I M A L N O H P
J O T K T K I L O M E T E R
J A H G E Z S Y A G G O T G
J R L K R T J V K S U N Č A
```

ŠIRINA	LITER
BAJT	MASA
DECIMALNO	METER
TEŽA	MINUTA
STOPNJA	GLOBINA
GRAM	TON
VIŠINA	UNČA
KILOGRAM	CENTIMETER
KILOMETER	PALCA
DOLŽINA	

96 - Schlösser

```
P E Z S T O L P K E K G C I
F E V D A L N I R P R W D L
J U R C Z M A J O R A E Y H
K O N J P F O S N I L L K L
Y L M S W F R R A N J M A Ž
I Y Š D F U A M O C E E T L
E T Č I L S V L K G S Č A A
P R I N C E S A L I T B P H
L D T A S S B R E Y V Z U T
J N V S L V A S P V O I L N
G J Z T L N V S Q R I D T A
J A L I M P E R I J H T F A
P V E J A P M V I I A Q E G
P A L A Č A O Z W Q S N B Z
```

ZMAJ	KONJ
DINASTIJA	PRINC
ŽLAHTNA	PRINCESA
SAMOROG	IMPERIJ
TRDNJAVA	VITEZ
FEVDALNI	OKLEP
KATAPULT	ŠČIT
KRALJESTVO	MEČ
KRONA	STOLP
PALAČA	ZID

97 - Bauernhof #2

```
I  H  V  U  B  Z  R  R  J  S  P  A  N  J
V  G  E  H  Y  Ž  A  S  A  K  T  D  V  Q
Z  P  Š  E  N  I  C  A  G  E  U  V  E  G
W  E  A  N  N  V  A  D  N  D  Q  I  A  M
L  E  L  S  G  A  U  J  J  E  Č  M  E  N
U  K  M  E  T  L  V  E  E  N  S  E  J  S
T  R  A  V  N  I  K  A  T  J  A  D  D  P
H  E  N  P  T  J  R  R  I  B  D  V  B  Z
K  O  R  U  Z  A  A  U  N  M  O  A  G  R
I  J  P  Y  R  V  G  V  A  L  V  V  E  E
E  L  C  D  Q  D  W  F  A  E  N  G  C  L
N  A  M  A  K  A  N  J  E  K  J  O  W  E
Q  M  T  J  I  Q  R  A  C  O  A  C  F  E
V  A  K  D  L  V  G  T  R  A  K  T  O  R
```

KMET	MLEKO
NAMAKANJE	SADOVNJAK
PANJ	ZREL
RACA	OVCE
SADJE	PASTIR
ZELENJAVA	SKEDENJ
JEČMEN	ŽIVALI
LAMA	TRAKTOR
JAGNJETINA	PŠENICA
KORUZA	TRAVNIK

98 - Berufe #2

```
D E T E K T I V E S B I D Z
R T Q D O E R P F L I N F O
A S T R O N A V T I O Ž V B
P K K P Y O U N G K L E R O
Z I A C F V A Č I A O N T Z
T R L T E I N U I R G I N D
Z U I O Z N J A L T R R A R
Q R L B T A P J L Y E P R A
A G Z Z D R A V N I K L Y V
J E Z I K O S L O V E C J N
A C Q F F O T O G R A F H I
T V J I L U S T R A T O R K
S I Z U M I T E L J J B S A
Z O O L O G E F I L O Z O F
```

ZDRAVNIK	INŽENIR
ASTRONAVT	NOVINAR
BIOLOG	UČITELJ
KIRURG	JEZIKOSLOVEC
DETEKTIV	SLIKAR
IZUMITELJ	FILOZOF
FOTOGRAF	PILOT
VRTNAR	ZOBOZDRAVNIK
ILUSTRATOR	ZOOLOG

99 - Erforschung

```
N  J  F  D  I  V  J  I  A  V  W  N  O  O
Z  E  E  T  G  I  N  Z  K  Y  K  E  D  D
N  P  Z  Z  E  A  C  Č  T  Ž  F  V  D  L
C  O  R  N  I  U  R  R  I  I  K  A  A  O
Q  T  V  P  A  K  P  P  V  V  U  R  L  Č
R  O  L  O  Z  N  R  A  N  A  L  N  J  N
E  V  U  G  Z  Z  O  N  O  L  T  O  E  O
K  A  R  U  T  S  S  J  S  I  U  S  N  S
Y  N  J  M  N  O  T  E  T  Q  R  T  O  T
M  J  H  Z  Y  N  O  G  O  T  E  I  Y  I
T  E  R  E  N  Z  R  N  E  V  A  R  N  O
Z  L  M  O  D  K  R  I  T  J  E  B  Q  B
V  Z  N  E  M  I  R  J  E  N  J  E  H  V
T  W  H  T  Q  O  L  F  I  G  I  K  U  G
```

AKTIVNOST	KULTURE
VZNEMIRJENJE	POGUM
ODKRITJE	NOVO
ODLOČNOST	PROSTOR
IZČRPANJE	POTOVANJE
ODDALJENO	JEZIK
NEVARNOSTI	ŽIVALI
NEVARNO	NEZNANO
TEREN	DIVJI

100 - Wetter

```
T  O  R  N  A  D  O  F  Z  O  L  D  T  P
T  V  T  S  M  E  G  L  A  Y  M  E  C  A
R  A  E  C  A  K  I  H  A  E  O  P  D  Y
O  T  M  T  V  N  E  M  F  O  N  Q  R  R
P  M  P  G  R  O  M  V  T  J  S  E  Y  Q
S  O  E  T  I  I  L  U  K  K  U  T  B  V
K  S  R  Z  C  J  Č  Z  R  Q  N  Y  A  O
I  F  A  T  A  S  T  R  E  L  E  V  N  R
R  E  T  P  O  L  A  R  N  I  Y  E  E  K
M  R  U  E  K  Q  F  R  V  A  B  T  V  A
O  A  R  S  D  N  N  E  Y  K  S  E  I  N
F  E  A  P  G  Y  P  N  T  U  U  R  H  D
P  O  D  N  E  B  J  E  W  U  Š  M  T  Y
O  B  L  A  K  M  Q  S  U  H  A  N  A  U
```

ATMOSFERA	MEGLA
STRELE	POLARNI
VETRIČ	MAVRICA
GROM	NEVIHTA
SUŠA	TEMPERATURA
LED	TORNADO
NEBO	SUHA
ORKAN	TROPSKI
PODNEBJE	VETER
MONSUN	OBLAK

1 - Ozean

2 - Schule #1

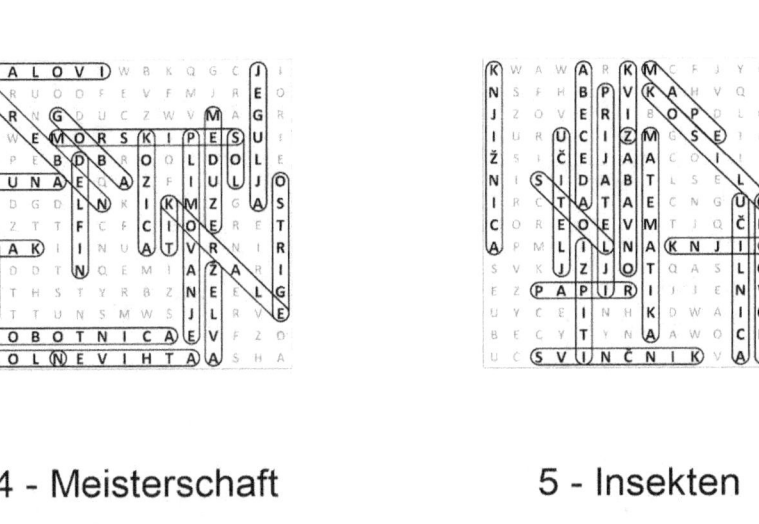

3 - Meditation

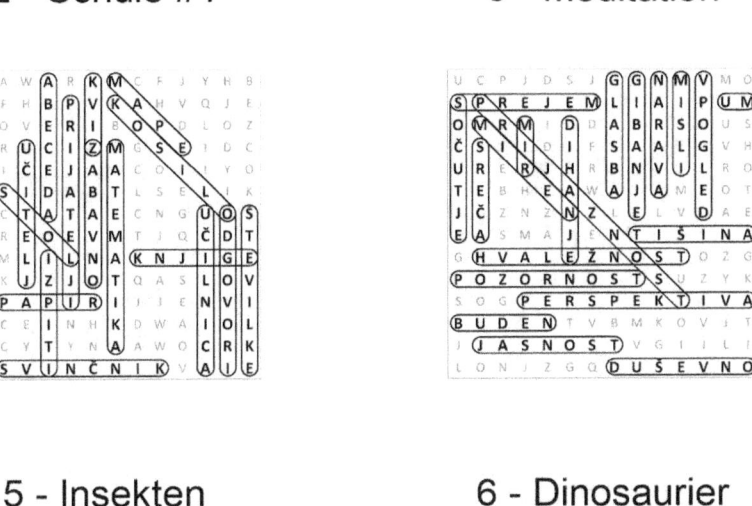

4 - Meisterschaft

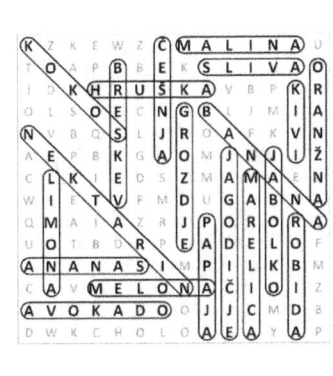

5 - Insekten

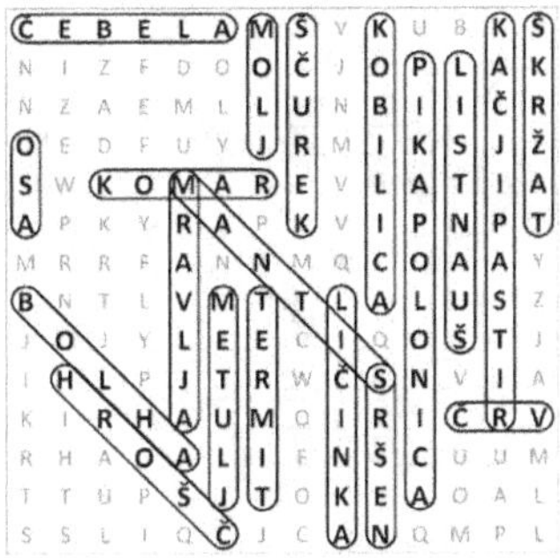

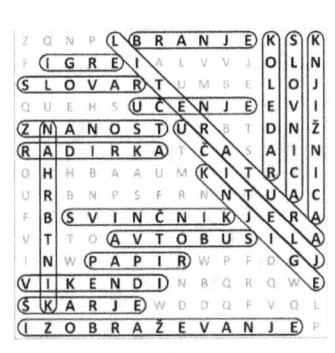

6 - Dinosaurier

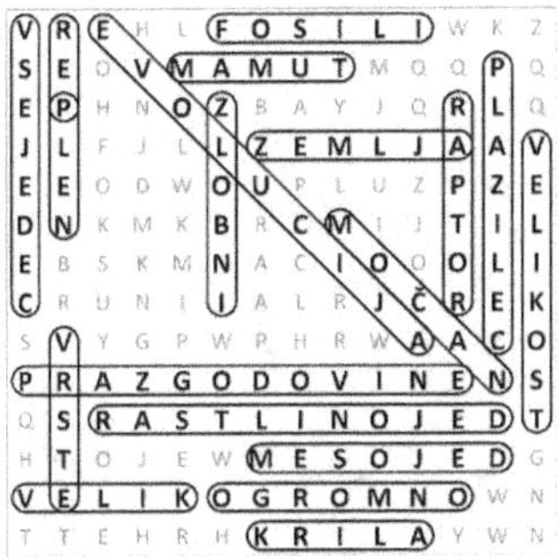

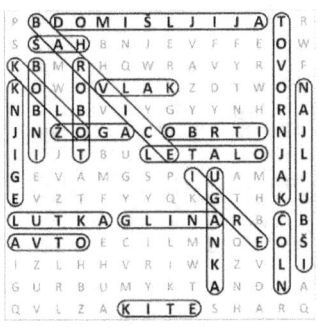

7 - Obst

8 - Schule #2

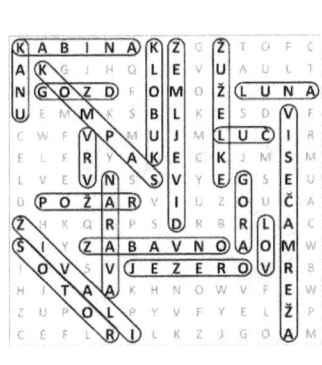

9 - Spielzeuge

10 - Komödie

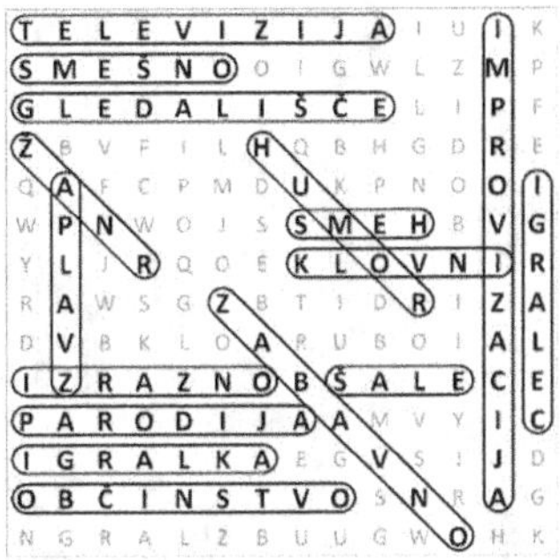

11 - Camping

12 - Zeit

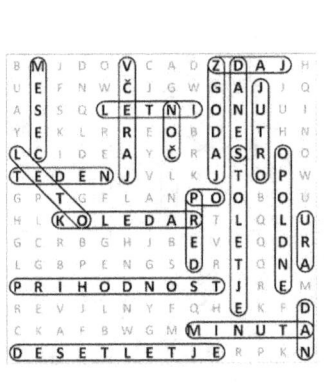

13 - Säugetiere

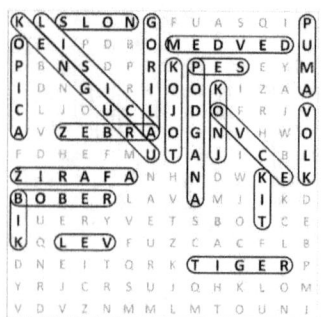

14 - Astronomie

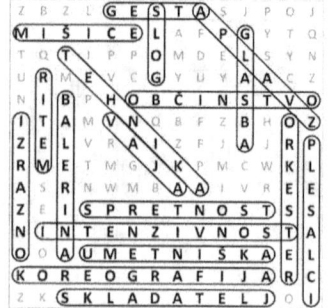

15 - Ballett

16 - Strand

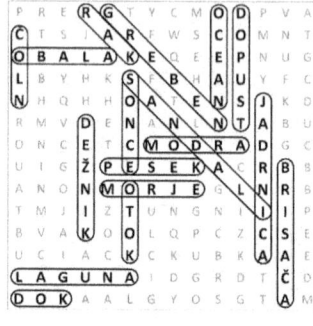

17 - Restaurant #1

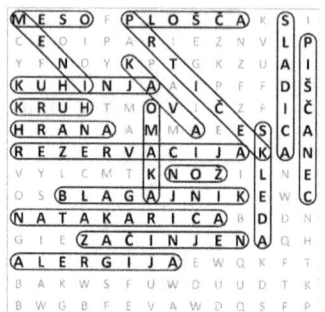

18 - Geologie

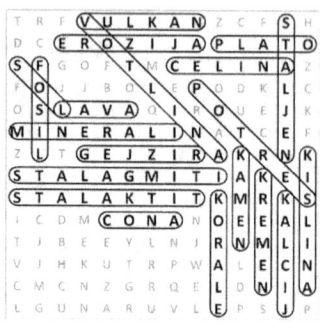

19 - Wissenschaft

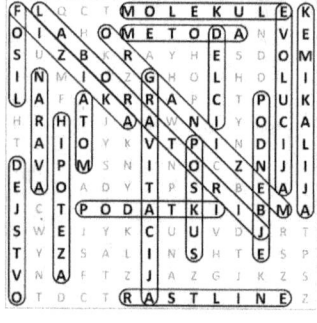

20 - Bildende Kunst

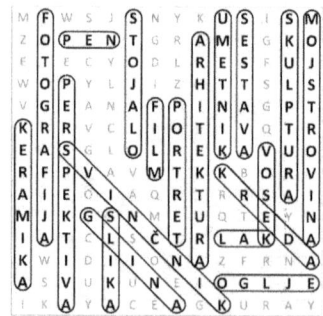

21 - Sport

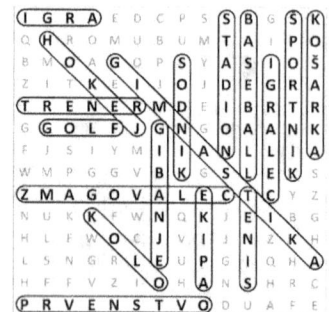

22 - Mythologie

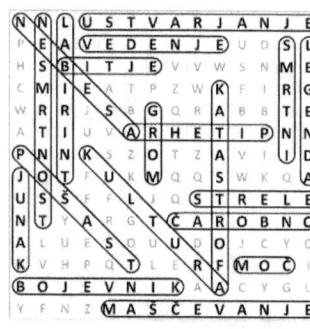

23 - Restaurant #2

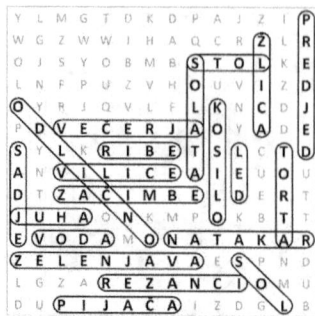

24 - Ökologie

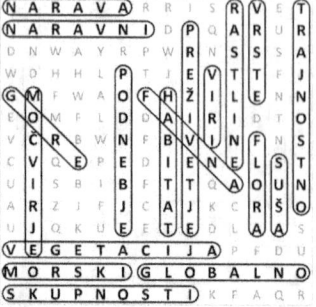

25 - Schokolade

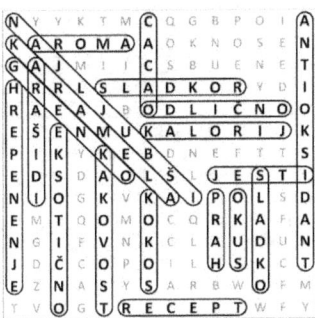

26 - Boote

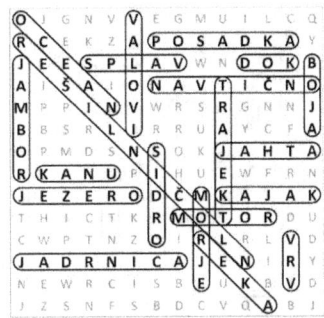

27 - Stadt

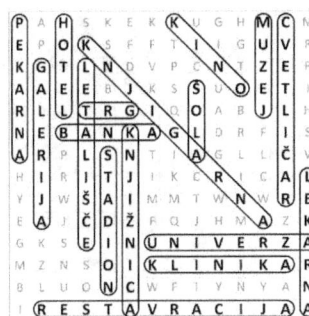

28 - Aktivitäten

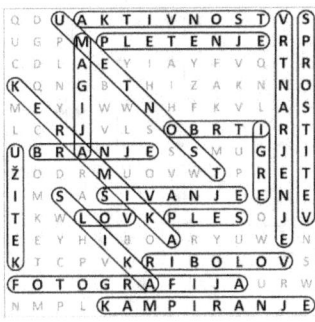

29 - Bienen

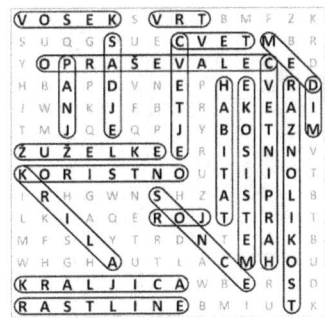

30 - Wissenschaftliche

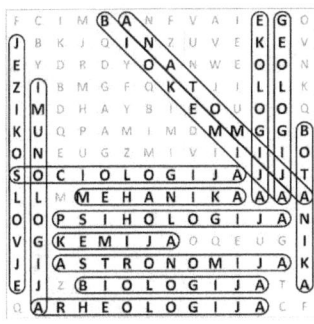

31 - Vögel

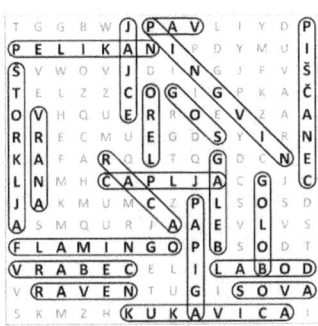

32 - Garten

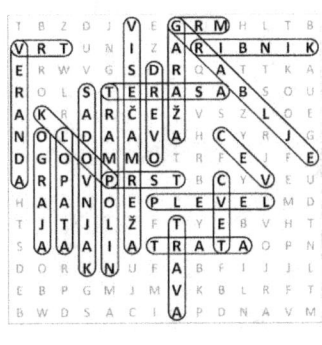

33 - Antarktis

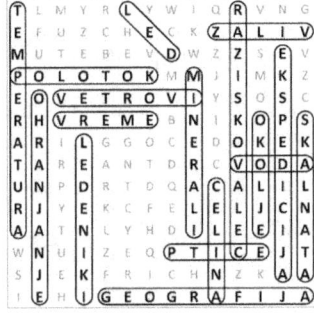

34 - Fahren

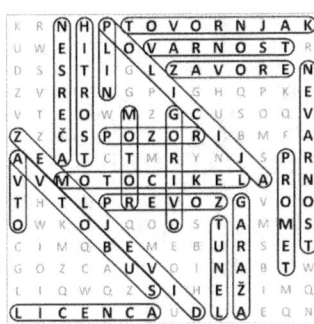

35 - Bücher

36 - Menschlicher Körper

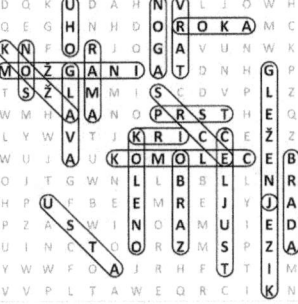

37 - Klettern

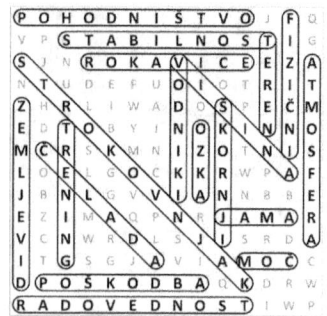

38 - Landschaften

39 - Abenteuer

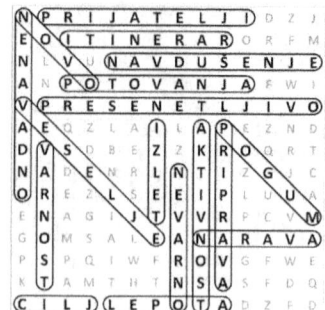

40 - Flugzeuge

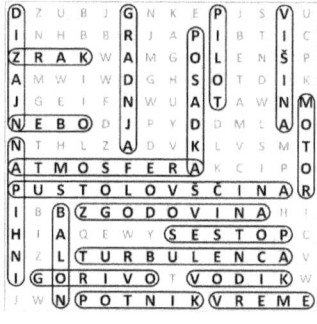

41 - Haartypen

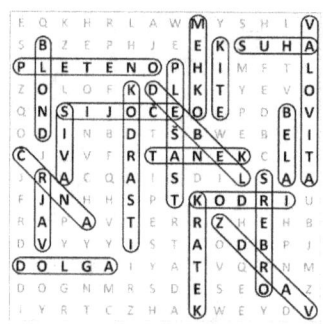

42 - Essen #1

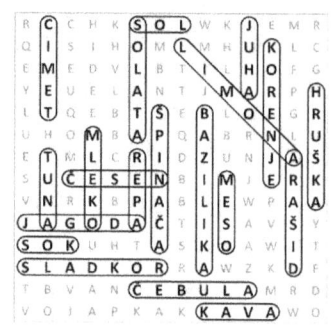

43 - Gebäude

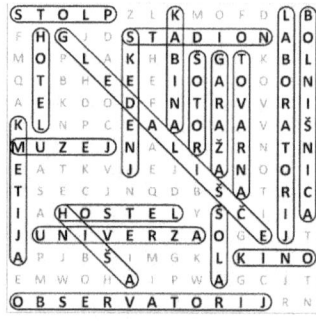

44 - Angeln

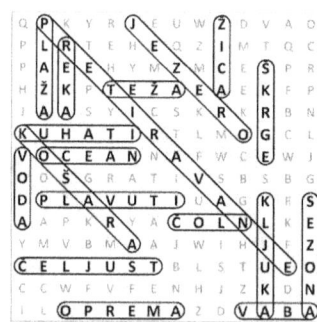

45 - Regenwald

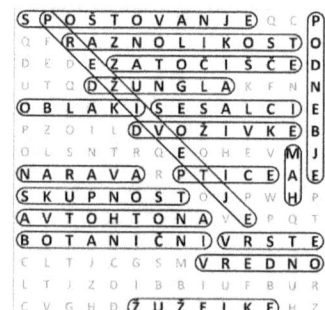

46 - Essen #2

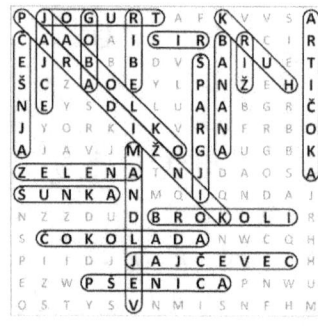

47 - Familie

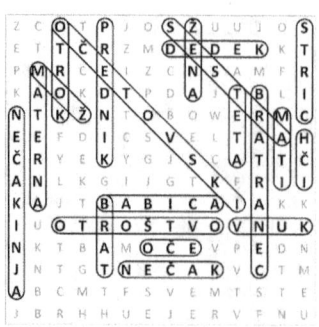

48 - Pflanzen

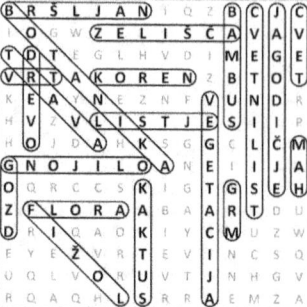

49 - Kunst

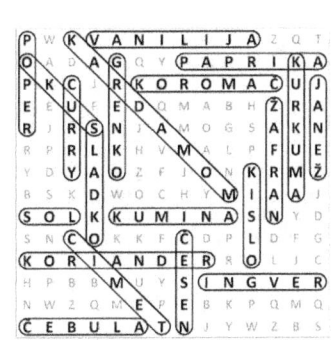

50 - Gewürze

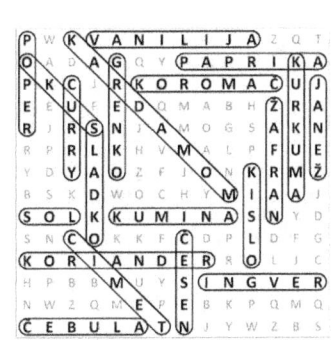

51 - Gemüse

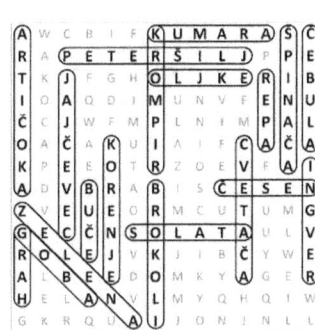

52 - Katzen

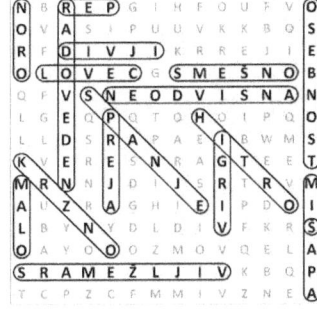

53 - Tanzen

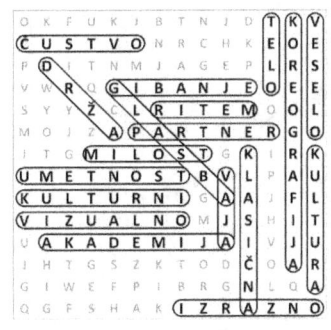

54 - Ernährung

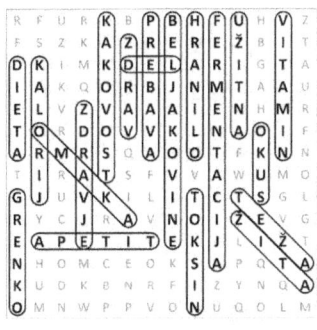

55 - Technologie

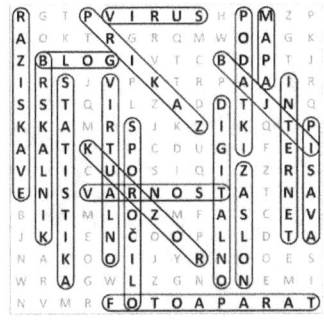

56 - Wasser

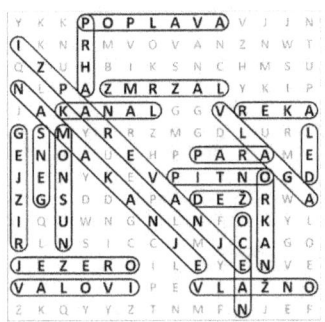

57 - Science Fiction

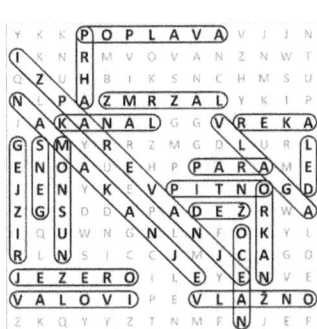

58 - Haustiere

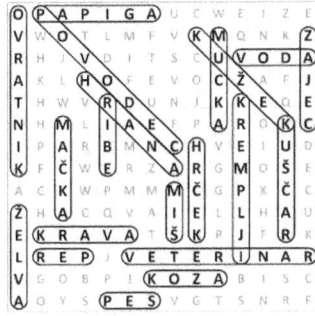

59 - Geburtstag

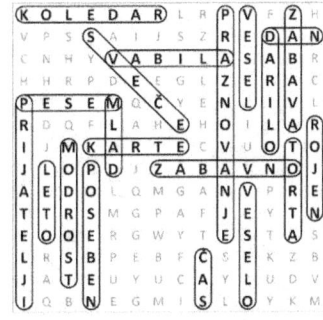

60 - Literatur

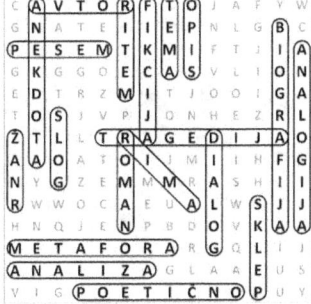

61 - Wandern

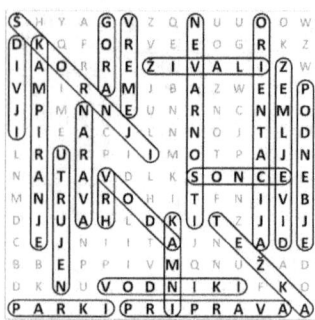

62 - Länder #2

63 - Fahrzeuge

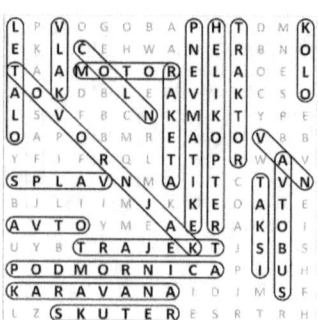

64 - Badezimmer

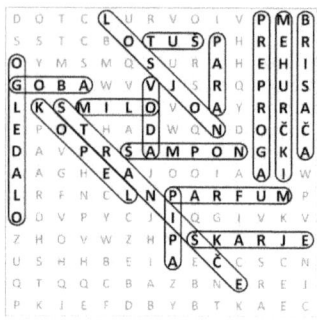

65 - Musikinstrumente

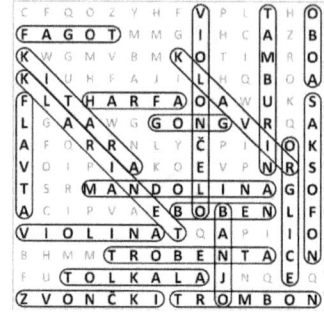

66 - Blumen

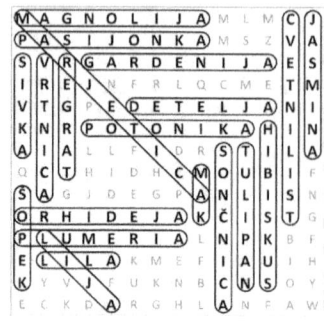

67 - Natur

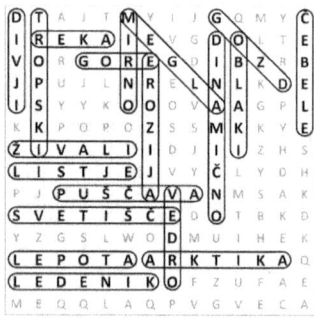

68 - Urlaub #2

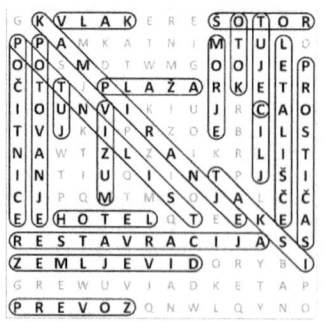

69 - Zirkus

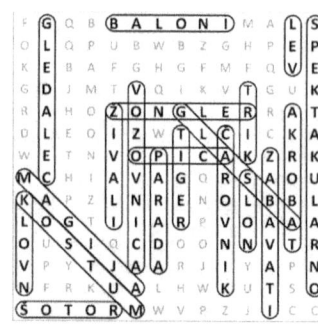

70 - Barbecues

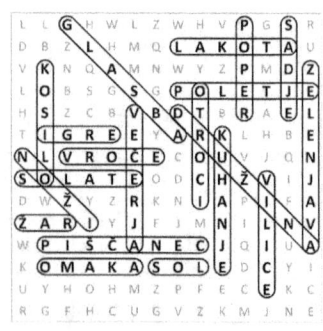

71 - Küche

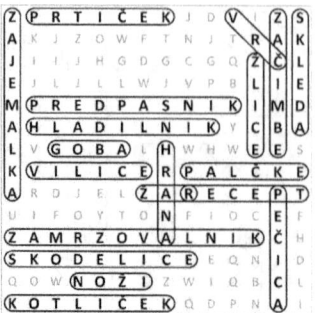

72 - Schach

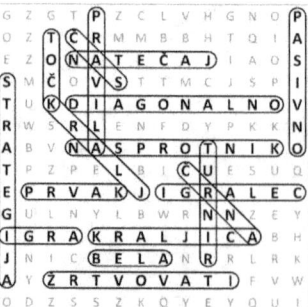

73 - Erhaltung

74 - Geographie

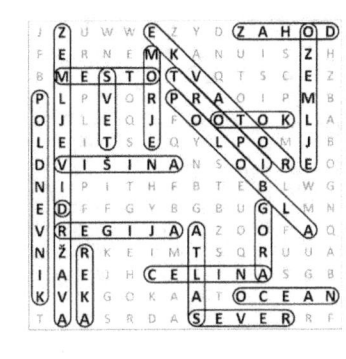

75 - Zahlen

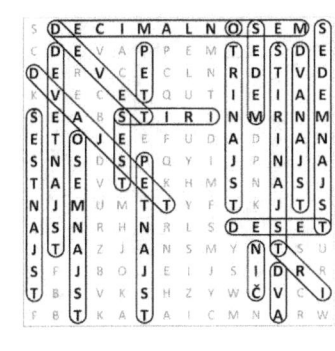

76 - Kunst Liefert

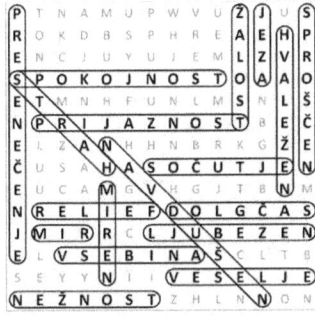

77 - Tage und Monate

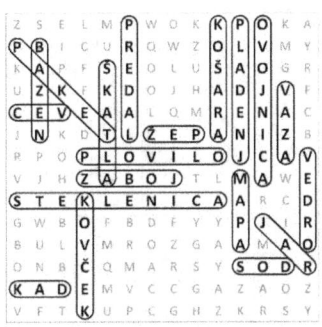

78 - Piraten

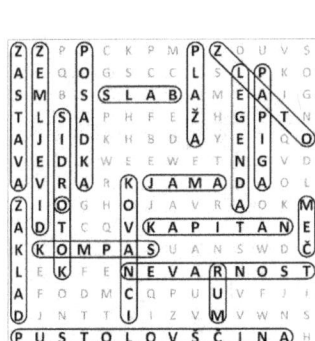

79 - Emotionen

80 - Zu Füllen

81 - Surfen

82 - Kräuterkunde

83 - Tugenden #1

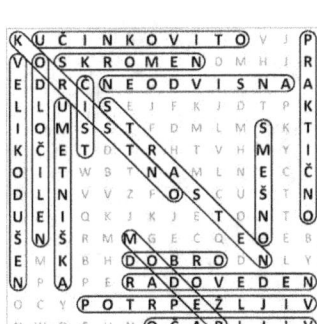

84 - Aktivitäten und Freizeit

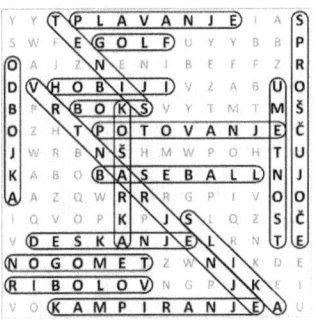

85 - Formen

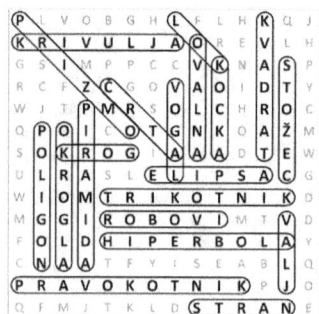

86 - Adjektive #2

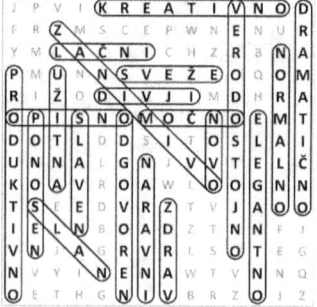

87 - Kleidung

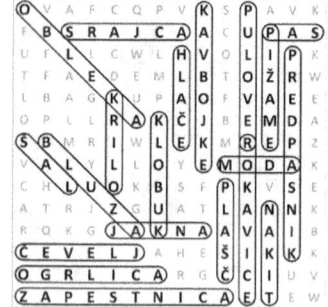

88 - Sommer

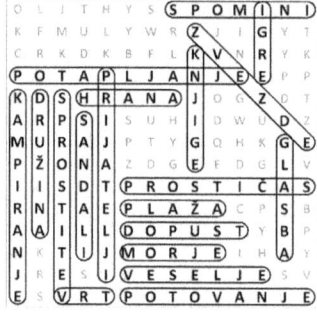

89 - Farben

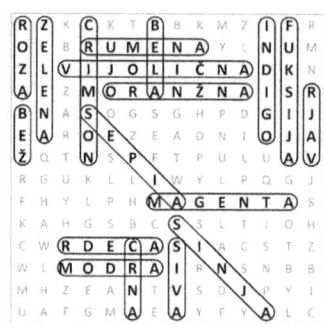

90 - Haus

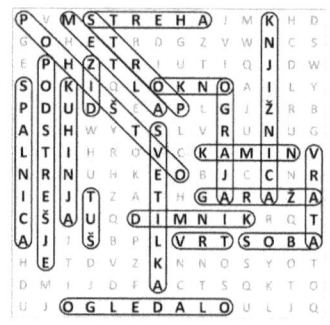

91 - Bauernhof #1

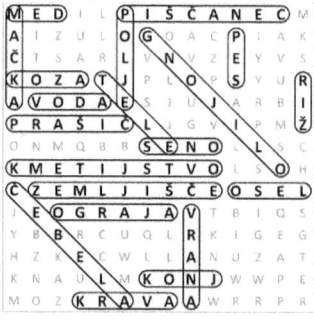

92 - Berufe #1

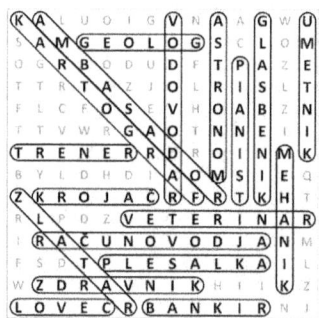

93 - Adjektive #1

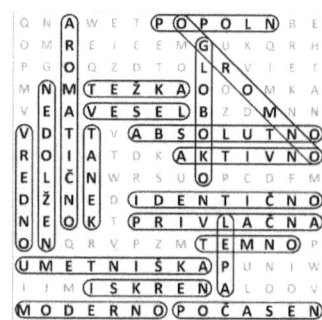

94 - Mathematik

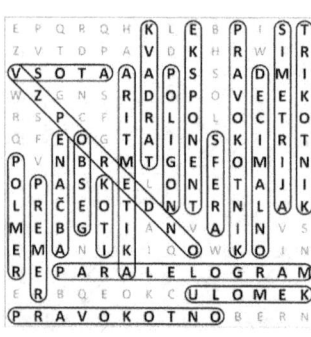

95 - Messungen

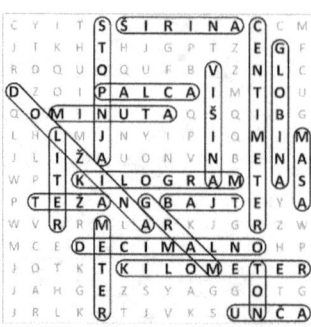

96 - Schlösser

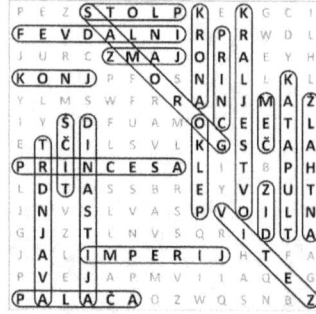

97 - Bauernhof #2

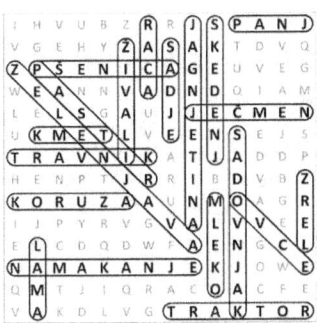

98 - Berufe #2

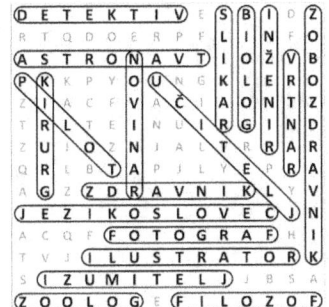

99 - Erforschung

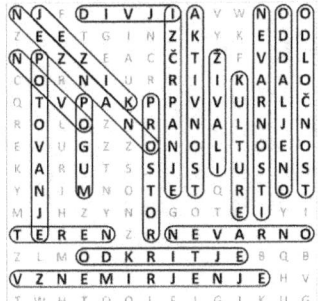

100 - Wetter

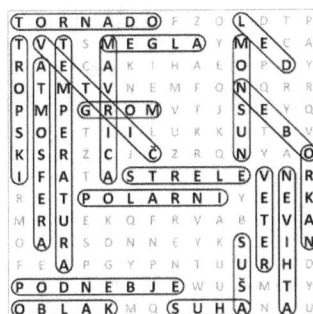

Wörterbuch

Abenteuer
Pustolovščina

Aktivität	Aktivnost
Ausflug	Izlet
Begeisterung	Navdušenje
Chance	Priložnost
Freude	Veselje
Freunde	Prijatelji
Gefährlich	Nevarno
Natur	Narava
Navigation	Navigacija
Neu	Novo
Reisen	Potovanja
Route	Itinerar
Schönheit	Lepota
Schwierigkeit	Težavnost
Sicherheit	Varnost
Tapferkeit	Pogum
Ungewöhnlich	Nenavadno
Überraschend	Presenetljivo
Vorbereitung	Priprava
Ziel	Cilj

Adjektive #1
Pridevniki #1

Absolut	Absolutno
Aktiv	Aktivno
Aromatisch	Aromatično
Attraktiv	Privlačna
Dunkel	Temno
Dünn	Tanek
Ehrlich	Iskren
Glücklich	Vesel
Identisch	Identično
Künstlerisch	Umetniška
Langsam	Počasen
Modern	Moderno
Perfekt	Popoln
Riesig	Ogromno
Schön	Lepa
Schwer	Težka
Tief	Globoko
Unschuldig	Nedolžen
Wertvoll	Vredno
Wichtig	Pomembno

Adjektive #2
Pridevniki #2

Authentisch	Verodostojno
Berühmt	Slaven
Beschreibend	Opisno
Dramatisch	Dramatično
Elegant	Elegantno
Essbar	Užitna
Frisch	Sveže
Gesund	Zdrav
Hungrig	Lačni
Interessant	Zanimivo
Kreativ	Kreativno
Natürlich	Naravni
Neu	Novo
Normal	Normalno
Produktiv	Produktivno
Salzig	Slan
Stark	Močno
Stolz	Ponosen
Verantwortlich	Odgovoren
Wild	Divji

Aktivitäten
Dejavnosti

Aktivität	Aktivnost
Angeln	Ribolov
Camping	Kampiranje
Entspannung	Sprostitev
Fotografie	Fotografija
Freizeit	Prosti Čas
Gartenarbeit	Vrtnarjenje
Gemälde	Slika
Jagd	Lov
Keramik	Keramika
Kunst	Umetnost
Kunsthandwerk	Obrti
Lesen	Branje
Magie	Magija
Nähen	Šivanje
Spiele	Igre
Stricken	Pletenje
Tanzen	Ples
Vergnügen	Užitek
Wandern	Pohodništvo

Aktivitäten und Freizeit
Aktivnosti in Prosti Čas

Angeln	Ribolov
Baseball	Baseball
Basketball	Košarka
Boxen	Boks
Camping	Kampiranje
Einkaufen	Nakupovanje
Entspannend	Sproščujoče
Fussball	Nogomet
Gartenarbeit	Vrtnarjenje
Gemälde	Slika
Golf	Golf
Hobbies	Hobiji
Kunst	Umetnost
Reise	Potovanje
Schwimmen	Plavanje
Surfen	Deskanje
Tauchen	Potapljanje
Tennis	Tenis
Volleyball	Odbojka
Wandern	Pohodništvo

Angeln
Ribolov

Ausrüstung	Oprema
Boot	Čoln
Draht	Žica
Flossen	Plavuti
Fluss	Reka
Gewicht	Teža
Haken	Kljuka
Jahreszeit	Sezona
Kiefer	Čeljust
Kiemen	Škrge
Kochen	Kuhati
Korb	Košara
Köder	Vaba
Ozean	Ocean
See	Jezero
Strand	Plaža
Übertreibung	Pretiravanje
Wasser	Voda

Antarktis
Antarktika

Bucht	Zaliv
Eis	Led
Erhaltung	Ohranjanje
Expedition	Ekspedicija
Felsig	Skalnata
Forscher	Raziskovalec
Geographie	Geografija
Gletscher	Ledeniki
Halbinsel	Polotok
Kontinent	Celina
Migration	Migracija
Mineralien	Minerali
Temperatur	Temperatura
Topographie	Topografija
Umwelt	Okolje
Vögel	Ptice
Wasser	Voda
Wetter	Vreme
Wind	Vetrovi
Wissenschaftlich	Znanstveni

Astronomie
Astronomija

Asteroid	Asteroid
Astronaut	Astronavt
Astronom	Astronom
Erde	Zemlja
Himmel	Nebo
Komet	Komet
Konstellation	Ozvezdje
Kosmos	Kozmos
Meteor	Meteor
Mond	Luna
Nebel	Meglica
Observatorium	Observatorij
Planet	Planet
Rakete	Raketa
Satellit	Satelit
Stern	Zvezda
Supernova	Supernova
Teleskop	Teleskop
Tierkreis	Zodiak
Universum	Vesolje

Badezimmer
Kopalnica

Bad	Kopel
Blasen	Mehurčki
Dampf	Para
Dusche	Tuš
Handtuch	Brisača
Lotion	Losjon
Parfüm	Parfum
Schere	Škarje
Schwamm	Goba
Seife	Milo
Shampoo	Šampon
Spiegel	Ogledalo
Teppich	Preproga
Toilette	Stranišče
Wasser	Voda
Wasserhahn	Pipa

Ballett
Balet

Applaus	Aplavz
Ausdrucksvoll	Izrazno
Ballerina	Balerina
Choreographie	Koreografija
Fähigkeit	Spretnost
Geste	Gesta
Intensität	Intenzivnost
Komponist	Skladatelj
Künstlerisch	Umetniška
Musik	Glasba
Muskel	Mišice
Orchester	Orkester
Probe	Vaja
Publikum	Občinstvo
Rhythmus	Ritem
Stil	Slog
Tänzer	Plesalci
Technik	Tehnika

Barbecues
Ražnji

Abendessen	Večerja
Familie	Družina
Frucht	Sadje
Gabeln	Vilice
Gemüse	Zelenjava
Grill	Žar
Heiss	Vroče
Huhn	Piščanec
Hunger	Lakota
Kinder	Otroci
Kochen	Kuhanje
Messer	Noži
Mittagessen	Kosilo
Musik	Glasba
Pfeffer	Poper
Salate	Solate
Salz	Sol
Sommer	Poletje
Sosse	Omaka
Spiele	Igre

Bauernhof #1
Kmetija #1

Biene	Čebela
Dünger	Gnojilo
Esel	Osel
Feld	Polje
Heu	Seno
Honig	Med
Huhn	Piščanec
Hund	Pes
Kalb	Tele
Katze	Mačka
Krähe	Vrana
Kuh	Krava
Land	Zemljišče
Landwirtschaft	Kmetijstvo
Pferd	Konj
Reis	Riž
Schwein	Prašič
Wasser	Voda
Zaun	Ograja
Ziege	Koza

Bauernhof #2
Kmetija #2

Bauer	Kmet
Bewässerung	Namakanje
Bienenstock	Panj
Ente	Raca
Frucht	Sadje
Gemüse	Zelenjava
Gerste	Ječmen
Lama	Lama
Lamm	Jagnjetina
Mais	Koruza
Milch	Mleko
Obstgarten	Sadovnjak
Reif	Zrel
Schaf	Ovce
Schäfer	Pastir
Scheune	Skedenj
Tiere	Živali
Traktor	Traktor
Weizen	Pšenica
Wiese	Travnik

Berufe #1
Poklici #1

Arzt	Zdravnik
Astronom	Astronom
Bankier	Bankir
Botschafter	Ambasador
Buchhalter	Računovodja
Geologe	Geolog
Jäger	Lovec
Juwelier	Zlatar
Kartograph	Kartograf
Klempner	Vodovodar
Künstler	Umetnik
Mechaniker	Mehanik
Musiker	Glasbenik
Pianist	Pianist
Psychologe	Psiholog
Rechtsanwalt	Odvetnik
Schneider	Krojač
Tänzer	Plesalka
Tierarzt	Veterinar
Trainer	Trener

Berufe #2
Poklici #2

Arzt	Zdravnik
Astronaut	Astronavt
Bibliothekar	Knjižničar
Biologe	Biolog
Chirurg	Kirurg
Detektiv	Detektiv
Erfinder	Izumitelj
Forscher	Raziskovalec
Fotograf	Fotograf
Gärtner	Vrtnar
Illustrator	Ilustrator
Ingenieur	Inženir
Journalist	Novinar
Lehrer	Učitelj
Linguist	Jezikoslovec
Maler	Slikar
Philosoph	Filozof
Pilot	Pilot
Zahnarzt	Zobozdravnik
Zoologe	Zoolog

Bienen
Čebele

Bestäuber	Opraševalec
Bienenkorb	Panj
Blumen	Cvetje
Blüte	Cvet
Flügel	Krila
Frucht	Sadje
Garten	Vrt
Honig	Med
Insekt	Žuželke
Königin	Kraljica
Lebensraum	Habitat
Ökosystem	Ekosistem
Pflanzen	Rastline
Pollen	Cvetni Prah
Rauch	Dim
Schwarm	Roj
Sonne	Sonce
Vielfalt	Raznolikost
Vorteilhaft	Koristno
Wachs	Vosek

Bildende Kunst
Vizualne Umetnosti

Architektur	Arhitektura
Bleistift	Svinčnik
Film	Film
Foto	Fotografija
Gemälde	Slika
Holzkohle	Oglje
Keramik	Keramika
Kreativität	Ustvarjalnost
Kreide	Kreda
Künstler	Umetnik
Lack	Lak
Meisterwerk	Mojstrovina
Perspektive	Perspektiva
Porträt	Portret
Skulptur	Skulptura
Staffelei	Stojalo
Stift	Pen
Ton	Glina
Wachs	Vosek
Zusammensetzung	Sestava

Blumen
Cvetovi

Blütenblatt	Cvetni List
Gardenie	Gardenija
Gänseblümchen	Marjetica
Hibiskus	Hibiskus
Jasmin	Jasmina
Klee	Detelja
Lavendel	Sivka
Lila	Lila
Lilie	Lija
Löwenzahn	Regrat
Magnolie	Magnolija
Mohn	Mak
Orchidee	Orhideja
Passionsblume	Pasijonka
Pfingstrose	Potonika
Plumeria	Plumeria
Rose	Vrtnica
Sonnenblume	Sončnica
Strauss	Šopek
Tulpe	Tulipan

Boote
Čolni

Anker	Sidro
Boje	Boja
Crew	Posadka
Dock	Dok
Fähre	Trajekt
Floss	Splav
Fluss	Reka
Kajak	Kajak
Kanu	Kanu
Mast	Jambor
Meer	Morje
Motor	Motor
Nautisch	Navtično
Ozean	Ocean
Rettungsboot	Rešilni Čoln
See	Jezero
Segelboot	Jadrnica
Seil	Vrv
Wellen	Valovi
Yacht	Jahta

Bücher
Knjige

Abenteuer	Pustolovščina
Autor	Avtor
Dualität	Dvojnost
Episch	Epski
Erfinderisch	Iznajdljiv
Gedicht	Pesem
Geschichte	Zgodba
Geschrieben	Pisno
Historisch	Zgodovinski
Humorvoll	Šaljiv
Kollektion	Zbirka
Kontext	Kontekst
Leser	Bralec
Literarisch	Literarno
Poesie	Poezija
Relevant	Relevantno
Roman	Roman
Seite	Stran
Serie	Serija
Tragisch	Tragično

Camping
Kampiranje

Abenteuer	Pustolovščina
Berg	Gora
Feuer	Požar
Hängematte	Viseča Mreža
Hut	Klobuk
Insekt	Žuželke
Jagd	Lov
Kabine	Kabina
Kanu	Kanu
Karte	Zemljevid
Kompass	Kompas
Laterne	Luč
Mond	Luna
Natur	Narava
See	Jezero
Seil	Vrv
Spass	Zabavno
Tiere	Živali
Wald	Gozd
Zelt	Šotor

Dinosaurier
Dinozavri.

Allesfresser	Vsejedec
Art	Vrste
Beute	Plen
Bösartig	Zlobni
Enorm	Ogromno
Erde	Zemlja
Evolution	Evolucija
Fleischfresser	Mesojed
Flügel	Krila
Fossilien	Fosili
Gross	Velik
Grösse	Velikost
Leistungsstark	Močan
Mammut	Mamut
Pflanzenfresser	Rastlinojed
Prähistorisch	Prazgodovine
Raubvogel	Raptor
Reptil	Plazilec
Schwanz	Rep
Verschwinden	Izginotje

Emotionen
Čustva

Angst	Strah
Aufgeregt	Navdušen
Dankbar	Hvaležen
Entspannt	Sproščen
Freude	Veselje
Freundlichkeit	Prijaznost
Frieden	Mir
Inhalt	Vsebina
Langeweile	Dolgčas
Liebe	Ljubezen
Relief	Relief
Ruhe	Spokojnost
Ruhig	Miren
Sympathie	Sočutje
Traurigkeit	Žalost
Überraschen	Presenečenje
Wut	Jeza
Zärtlichkeit	Nežnost
Zufrieden	Zadovoljni

Erforschung
Raziskovanje

Aktivität	Aktivnost
Aufregung	Vznemirjenje
Entdeckung	Odkritje
Entschlossenheit	Odločnost
Erschöpfung	Izčrpanje
Fern	Oddaljeno
Gefahren	Nevarnosti
Gefährlich	Nevarno
Gelände	Teren
Kulturen	Kulture
Mut	Pogum
Neu	Novo
Raum	Prostor
Reise	Potovanje
Sprache	Jezik
Tiere	Živali
Unbekannt	Neznano
Wild	Divji

Erhaltung
Ohranjanje

Bildung	Izobraževanje
Chemikalien	Kemikalije
Freiwillige	Prostovoljec
Gesundheit	Zdravje
Grün	Zelena
Klima	Podnebje
Lebensraum	Habitat
Nachhaltig	Trajnostno
Natürlich	Naravni
Organisch	Organski
Ökosystem	Ekosistem
Pestizid	Pesticid
Recyceln	Recikliraj
Reduzieren	Zmanjšaj
Umwelt	Okoljski
Verschmutzung	Onesnaževanje
Wasser	Voda
Zyklus	Cikel

Ernährung
Prehrana

Appetit	Apetit
Ausgewogen	Uravnoteženo
Bitter	Grenko
Diät	Dieta
Essbar	Užitna
Fermentation	Fermentacija
Geschmack	Okus
Gesund	Zdrav
Gesundheit	Zdravje
Getreide	Žita
Gewicht	Teža
Kalorien	Kalorij
Nährstoff	Hranilo
Portion	Del
Proteine	Beljakovine
Qualität	Kakovost
Sosse	Omaka
Toxin	Toksin
Verdauung	Prebava
Vitamin	Vitamin

Essen #1
Hrana #1

Basilikum	Bazilika
Birne	Hruška
Erdbeere	Jagoda
Erdnuss	Arašid
Fleisch	Meso
Kaffee	Kava
Karotte	Korenje
Knoblauch	Česen
Milch	Mleko
Rübe	Repa
Saft	Sok
Salat	Solata
Salz	Sol
Spinat	Špinača
Suppe	Juha
Thunfisch	Tuna
Zimt	Cimet
Zitrone	Limona
Zucker	Sladkor
Zwiebel	Čebula

Essen #2
Hrana #2

Apfel	Jabolko
Artischocke	Artičoka
Aubergine	Jajčevec
Banane	Banana
Brokkoli	Brokoli
Brot	Kruh
Ei	Jajce
Fisch	Ribe
Joghurt	Jogurt
Käse	Sir
Kirsche	Češnja
Mandel	Mandljev
Pilz	Goba
Reis	Riž
Schinken	Šunka
Schokolade	Čokolada
Sellerie	Zelena
Spargel	Špargji
Tomate	Paradižnik
Weizen	Pšenica

Fahren
Vožnja

Auto	Avto
Bremsen	Zavore
Brennstoff	Gorivo
Bus	Avtobus
Garage	Garaža
Gas	Plin
Gefahr	Nevarnost
Geschwindigkeit	Hitrost
Karte	Zemljevid
Lizenz	Licenca
Lkw	Tovornjak
Motor	Motor
Motorrad	Motocikel
Polizei	Policija
Sicherheit	Varnost
Transport	Prevoz
Tunnel	Tunel
Unfall	Nesreča
Verkehr	Promet
Vorsicht	Pozor

Fahrzeuge
Vozila

Auto	Avto
Boot	Čoln
Bus	Avtobus
Fahrrad	Kolo
Fähre	Trajekt
Floss	Splav
Flugzeug	Letalo
Hubschrauber	Helikopter
Krankenwagen	Ambulanta
Lkw	Tovornjak
Motor	Motor
Rakete	Raketa
Reifen	Pnevmatike
Roller	Skuter
Taxi	Taksi
Traktor	Traktor
U-Boot	Podmornica
Van	Van
Wohnwagen	Karavana
Zug	Vlak

Familie
Družinska

Bruder	Brat
Ehefrau	Žena
Ehemann	Mož
Enkel	Vnuk
Grossmutter	Babica
Grossvater	Dedek
Kind	Otrok
Kindheit	Otroštvo
Mutter	Mati
Mütterlich	Materna
Neffe	Nečak
Nichte	Nečakinja
Onkel	Stric
Schwester	Sestra
Tante	Teta
Tochter	Hči
Vater	Oče
Väterlich	Očetovski
Vetter	Bratranec
Vorfahr	Prednik

Farben
Barve

Beige	Bež
Blau	Modra
Braun	Rjav
Fuchsie	Fuksija
Gelb	Rumena
Grau	Siva
Grün	Zelena
Indigo	Indigo
Lila	Vijolična
Magenta	Magenta
Orange	Oranžna
Purpur	Crimson
Rosa	Roza
Rot	Rdeča
Schwarz	Črna
Sepia	Sepia
Weiss	Bela
Zyan	Sinja

Flugzeuge
Letala

Abenteuer	Pustolovščina
Abstieg	Sestop
Atmosphäre	Atmosfera
Aufblasen	Napihni
Ballon	Balon
Brennstoff	Gorivo
Crew	Posadka
Design	Dizajn
Geschichte	Zgodovina
Himmel	Nebo
Höhe	Višina
Konstruktion	Gradnja
Luft	Zrak
Motor	Motor
Passagier	Potnik
Pilot	Pilot
Propeller	Propelerji
Turbulenz	Turbulenca
Wasserstoff	Vodik
Wetter	Vreme

Formen
Oblike

Bogen	Lok
Dreieck	Trikotnik
Ecke	Vogal
Ellipse	Elipsa
Hyperbel	Hiperbola
Kanten	Robovi
Kegel	Stožec
Kreis	Krog
Kurve	Krivulja
Linie	Črta
Oval	Ovalna
Polygon	Poligon
Prisma	Prizmo
Pyramide	Piramida
Quadrat	Kvadrat
Rechteck	Pravokotnik
Rund	Okrogla
Seite	Stran
Würfel	Kocka
Zylinder	Valj

Garten
Vrt

Bank	Klop
Baum	Drevo
Blume	Cvet
Boden	Prst
Busch	Grm
Garage	Garaža
Garten	Vrt
Gras	Trava
Hängematte	Viseča Mreža
Obstgarten	Sadovnjak
Rasen	Trata
Rechen	Grablje
Schaufel	Lopata
Schlauch	Cev
Teich	Ribnik
Terrasse	Terasa
Trampolin	Trampolin
Unkraut	Plevel
Veranda	Veranda
Zaun	Ograja

Gebäude
Zgradbe

Bauernhof	Kmetija
Fabrik	Tovarna
Garage	Garaža
Haus	Hiša
Herberge	Hostel
Hotel	Hotel
Kabine	Kabina
Kino	Kino
Krankenhaus	Bolnišnica
Labor	Laboratorij
Museum	Muzej
Observatorium	Observatorij
Scheune	Skedenj
Schule	Šola
Stadion	Stadion
Supermarkt	Supermarket
Theater	Gledališče
Turm	Stolp
Universität	Univerza
Zelt	Šotor

Geburtstag
Rojstni Dan

Einladungen	Vabila
Feier	Praznovanje
Freudig	Veselo
Freunde	Prijatelji
Geboren	Rojen
Geschenk	Darilo
Glücklich	Vesel
Jahr	Leto
Jung	Mlad
Kalender	Koledar
Karten	Karte
Kerzen	Sveče
Kuchen	Torta
Lied	Pesem
Partei	Zabava
Spass	Zabavno
Spezial	Poseben
Tag	Dan
Weisheit	Modrost
Zeit	Čas

Gemüse
Zelenjava

Artischocke	Artičoka
Aubergine	Jajčevec
Blumenkohl	Cvetača
Brokkoli	Brokoli
Erbse	Grah
Gurke	Kumara
Ingwer	Ingver
Karotte	Korenje
Kartoffel	Krompir
Knoblauch	Česen
Kürbis	Buče
Olive	Oljke
Petersilie	Peteršilj
Pilz	Goba
Rübe	Repa
Salat	Solata
Sellerie	Zelena
Spinat	Špinača
Tomate	Paradižnik
Zwiebel	Čebula

Geographie
Geografija

Atlas	Atlas
Äquator	Ekvator
Berg	Gora
Fluss	Reka
Gebiet	Ozemlje
Hemisphäre	Polobla
Höhe	Višina
Insel	Otok
Karte	Zemljevid
Kontinent	Celina
Land	Država
Meer	Morje
Meridian	Poldnevnik
Norden	Sever
Ozean	Ocean
Region	Regija
Stadt	Mesto
Tropen	Tropi
Welt	Svet
West	Zahod

Geologie
Geologija

Erdbeben	Potres
Erosion	Erozija
Fossil	Fosil
Geschmolzen	Staljen
Geysir	Gejzir
Höhle	Votlina
Kalzium	Kalcij
Kontinent	Celina
Koralle	Korale
Lava	Lava
Mineralien	Minerali
Plateau	Plato
Quarz	Kremen
Salz	Sol
Säure	Kislina
Stalagmiten	Stalagmiti
Stalaktit	Stalaktit
Stein	Kamen
Vulkan	Vulkan
Zone	Cona

Gewürze
Začimbe

Anis	Janež
Bitter	Grenko
Curry	Curry
Fenchel	Koromač
Geschmack	Okus
Ingwer	Ingver
Kardamom	Kardamom
Knoblauch	Česen
Koriander	Koriander
Kreuzkümmel	Kumina
Kurkuma	Kurkuma
Paprika	Paprika
Pfeffer	Poper
Safran	Žafran
Salz	Sol
Sauer	Kislo
Süss	Sladko
Vanille	Vanilija
Zimt	Cimet
Zwiebel	Čebula

Haartypen
Vrste Las

Blond	Blond
Braun	Rjav
Dick	Debel
Dünn	Tanek
Geflochten	Pleteno
Gesund	Zdrav
Glänzend	Sijoče
Grau	Siva
Kahl	Plešast
Kurz	Kratek
Lang	Dolga
Locken	Kodri
Lockig	Kodrasti
Schwarz	Črna
Silber	Srebro
Trocken	Suha
Weich	Mehko
Weiss	Bela
Wellig	Valovita
Zöpfe	Kite

Haus
Hiša

Besen	Metla
Bibliothek	Knjižnica
Dach	Streha
Dachboden	Podstrešje
Decke	Strop
Dusche	Tuš
Fenster	Okno
Garage	Garaža
Garten	Vrt
Kamin	Kamin
Küche	Kuhinja
Lampe	Svetilka
Möbel	Pohištvo
Schlafzimmer	Spalnica
Schornstein	Dimnik
Spiegel	Ogledalo
Tür	Vrata
Wand	Zid
Zaun	Ograja
Zimmer	Soba

Haustiere
Hišni Ljubljenčki

Eidechse	Kuščar
Essen	Hrana
Fisch	Ribe
Hamster	Hrček
Hase	Zajec
Hund	Pes
Katze	Mačka
Kätzchen	Mucka
Kragen	Ovratnik
Krallen	Kremplji
Kuh	Krava
Leine	Povodec
Maus	Miš
Papagei	Papiga
Schildkröte	Želva
Schwanz	Rep
Tierarzt	Veterinar
Wasser	Voda
Welpe	Kužek
Ziege	Koza

Insekten
Žuželke

Ameise	Mravlja
Biene	Čebela
Blattlaus	Listna Uš
Floh	Bolha
Gottesanbeterin	Mantis
Heuschrecke	Kobilica
Hornisse	Sršen
Kakerlake	Ščurek
Käfer	Hrošč
Larve	Ličinka
Libelle	Kačji Pastir
Marienkäfer	Pikapolonica
Motte	Molj
Mücke	Komar
Schmetterling	Metulj
Termite	Termit
Wespe	Osa
Wurm	Črv
Zikade	Škržat

Katzen
Mačke

Fell	Krzno
Garn	Preja
Jäger	Lovec
Komisch	Smešno
Maus	Miš
Neugierig	Radoveden
Persönlichkeit	Osebnost
Pfote	Šapa
Schlafen	Spanje
Schnell	Hitro
Schüchtern	Sramežljiv
Schwanz	Rep
Unabhängig	Neodvisna
Verrückt	Noro
Verspielt	Igriv
Wenig	Malo
Wild	Divji

Kleidung
Oblačila

Armband	Zapestnica
Bluse	Bluza
Gürtel	Pas
Halskette	Ogrlica
Handschuhe	Rokavice
Hemd	Srajca
Hose	Hlače
Hut	Klobuk
Jacke	Jakna
Jeans	Kavbojke
Kleid	Obleka
Mantel	Plašč
Mode	Moda
Pullover	Pulover
Rock	Krilo
Schal	Šal
Schlafanzug	Pižame
Schmuck	Nakit
Schuh	Čevelj
Schürze	Predpasnik

Klettern
Plezanje

Atmosphäre	Atmosfera
Ausbildung	Trening
Experte	Strokovnjak
Führer	Vodniki
Gelände	Teren
Handschuhe	Rokavice
Helm	Čelada
Höhe	Višina
Höhle	Jama
Karte	Zemljevid
Neugier	Radovednost
Physisch	Fizični
Schmal	Ozka
Stabilität	Stabilnost
Stärke	Moč
Stiefel	Škornji
Verletzung	Poškodba
Wandern	Pohodništvo

Komödie
Komedija

Applaus	Aplavz
Ausdrucksvoll	Izrazno
Clowns	Klovni
Fernsehen	Televizija
Genre	Žanr
Humor	Humor
Improvisation	Improvizacija
Komisch	Smešno
Lachen	Smeh
Parodie	Parodija
Publikum	Občinstvo
Schauspieler	Igralec
Schauspielerin	Igralka
Spass	Zabavno
Theater	Gledališče
Witze	Šale

Kräuterkunde
Zeliščarstvo

Aromatisch	Aromatično
Basilikum	Bazilika
Blume	Cvet
Dill	Koper
Estragon	Pehtran
Fenchel	Koromač
Garten	Vrt
Geschmack	Okus
Grün	Zelena
Knoblauch	Česen
Kulinarisch	Kulinarika
Lavendel	Sivka
Majoran	Majaron
Petersilie	Peteršilj
Qualität	Kakovost
Rosmarin	Rožmarin
Safran	Žafran
Thymian	Timijan
Vorteilhaft	Koristno
Zutat	Sestavina

Kunst
Umetnost

Ausdruck	Izraz
Ehrlich	Iskren
Einfach	Preprosto
Gegenstand	Predmet
Gemälde	Slike
Inspiriert	Navdihnjen
Keramik	Keramika
Komplex	Kompleks
Original	Izvirnik
Persönlich	Osebno
Poesie	Poezija
Schaffen	Ustvariti
Skulptur	Kiparstvo
Stimmung	Razpoloženje
Surrealismus	Nadrealizem
Symbol	Simbol
Visuell	Vizualno
Zusammensetzung	Sestava

Kunst Liefert
Potrebščine za Umetnine

Acryl	Akril
Bleistifte	Svinčniki
Buntstifte	Barvice
Bürsten	Ščetke
Farben	Barve
Holzkohle	Oglje
Ideen	Ideje
Kamera	Fotoaparat
Kreativität	Ustvarjalnost
Leim	Lepilo
Öl	Olje
Papier	Papir
Radiergummi	Radirka
Staffelei	Stojalo
Stuhl	Stol
Tabelle	Tabela
Tinte	Črnilo
Ton	Glina
Wasser	Voda

Küche
Kuhinja

Essen	Hrana
Essstäbchen	Palčke
Gabeln	Vilice
Gefrierschrank	Zamrzovalnik
Gewürze	Začimbe
Grill	Žar
Kelle	Zajemalka
Krug	Vrč
Kühlschrank	Hladilnik
Löffel	Žlice
Messer	Noži
Ofen	Pečica
Rezept	Recept
Schürze	Predpasnik
Schüssel	Skleda
Schwamm	Goba
Serviette	Prtiček
Tassen	Skodelice
Wasserkocher	Kotliček

Landschaften
Pokrajine

Berg	Gora
Eisberg	Ledena Gora
Fluss	Reka
Geysir	Gejzir
Gletscher	Ledenik
Halbinsel	Polotok
Höhle	Jama
Hügel	Hrib
Insel	Otok
Lagune	Laguna
Meer	Morje
Oase	Oaza
See	Jezero
Strand	Plaža
Sumpf	Močvirje
Tal	Dolina
Tundra	Tundra
Vulkan	Vulkan
Wasserfall	Slap
Wüste	Puščava

Länder #2
Države #2

Albanien	Albanija
Äthiopien	Etiopija
Frankreich	Francija
Griechenland	Grčija
Haiti	Haiti
Irland	Irska
Jamaika	Jamajka
Japan	Japonska
Kenia	Kenija
Laos	Laos
Liberia	Liberija
Mexiko	Mehika
Nepal	Nepal
Nigeria	Nigerija
Pakistan	Pakistan
Russland	Rusija
Sudan	Sudan
Syrien	Sirija
Uganda	Uganda
Ukraine	Ukrajina

Literatur
Literatura

Analogie	Analogija
Analyse	Analiza
Anekdote	Anekdota
Autor	Avtor
Beschreibung	Opis
Biographie	Biografija
Dialog	Dialog
Fiktion	Fikcija
Gedicht	Pesem
Genre	Žanr
Metapher	Metafora
Poetisch	Poetično
Reim	Rima
Rhythmus	Ritem
Roman	Roman
Schlussfolgerung	Sklep
Stil	Slog
Thema	Tema
Tragödie	Tragedija
Vergleich	Primerjava

Mathematik
Matematika

Arithmetik	Aritmetika
Bruchteil	Ulomek
Dezimal	Decimalno
Dreieck	Trikotnik
Durchmesser	Premer
Exponent	Eksponent
Geometrie	Geometrija
Gleichung	Enačba
Kugel	Sfera
Parallel	Vzporedno
Parallelogramm	Paralelogram
Polygon	Poligon
Quadrat	Kvadrat
Radius	Polmer
Rechteck	Pravokotnik
Senkrecht	Pravokotno
Summe	Vsota
Symmetrie	Simetrija
Umfang	Obseg
Winkel	Koti

Meditation
Meditacija.

Annahme	Sprejem
Atmung	Dihanje
Aufmerksamkeit	Pozornost
Bewegung	Gibanje
Dankbarkeit	Hvaležnost
Einblick	Vpogled
Freundlichkeit	Prijaznost
Frieden	Mir
Gedanken	Misli
Geistig	Duševno
Glück	Sreča
Klarheit	Jasnost
Mitgefühl	Sočutje
Musik	Glasba
Natur	Narava
Perspektive	Perspektiva
Ruhig	Miren
Stille	Tišina
Verstand	Um
Wach	Buden

Meisterschaft
Prvenstvo

Ausdauer	Vzdržljivost
Champion	Prvak
Finalist	Finalist
Liga	Liga
Mannschaft	Ekipa
Medaille	Medalja
Meisterschaft	Prvenstvo
Motivation	Motivacija
Performance	Izvedba
Richter	Sodnik
Schweiss	Znoj
Sieg	Zmaga
Spiele	Igre
Sport	Šport
Strategie	Strategija
Trainer	Trener
Turnier	Turnir

Menschlicher Körper
Človeško Telo

Bein	Noga
Blut	Kri
Ellbogen	Komolec
Finger	Prst
Gehirn	Možgani
Gesicht	Obraz
Hals	Vrat
Hand	Roka
Haut	Koža
Herz	Srce
Kiefer	Čeljust
Kinn	Brada
Knie	Koleno
Knöchel	Gleženj
Kopf	Glava
Mund	Usta
Nase	Nos
Ohr	Uho
Schulter	Rama
Zunge	Jezik

Messungen
Meritve

Breite	Širina
Byte	Bajt
Dezimal	Decimalno
Gewicht	Teža
Grad	Stopnja
Gramm	Gram
Höhe	Višina
Kilogramm	Kilogram
Kilometer	Kilometer
Länge	Dolžina
Liter	Liter
Masse	Masa
Meter	Meter
Minute	Minuta
Tiefe	Globina
Tonne	Ton
Unze	Unča
Zentimeter	Centimeter
Zoll	Palca

Musikinstrumente
Glasbila

Banjo	Banjo
Cello	Violončelo
Fagott	Fagot
Flöte	Flavta
Geige	Violina
Gitarre	Kitara
Glockenspiel	Zvončki
Gong	Gong
Harfe	Harfa
Klarinette	Klarinet
Klavier	Klavir
Mandoline	Mandolina
Mundharmonika	Orglice
Oboe	Oboa
Posaune	Trombon
Saxophon	Saksofon
Schlagzeug	Tolkala
Tamburin	Tamburin
Trommel	Boben
Trompete	Trobenta

Mythologie
Mitologija

Archetyp	Arhetip
Blitz	Strele
Donner	Grom
Eifersucht	Ljubosumje
Held	Junak
Himmel	Nebesa
Katastrophe	Katastrofa
Kreation	Ustvarjanje
Kreatur	Bitje
Krieger	Bojevnik
Kultur	Kultura
Labyrinth	Labirint
Legende	Legenda
Magisch	Čarobno
Monster	Pošast
Rache	Maščevanje
Stärke	Moč
Sterblich	Smrtni
Unsterblichkeit	Nesmrtnost
Verhalten	Vedenje

Natur
Narava

Arktis	Arktika
Berge	Gore
Bienen	Čebele
Dynamisch	Dinamično
Erosion	Erozija
Fluss	Reka
Friedlich	Mirno
Gletscher	Ledenik
Heiligtum	Svetišče
Heiter	Vedro
Laub	Listje
Nebel	Megla
Schönheit	Lepota
Tiere	Živali
Tropisch	Tropski
Wald	Gozd
Wild	Divji
Wolken	Oblaki
Wüste	Puščava

Obst
Sadje

Ananas	Ananas
Apfel	Jabolko
Aprikose	Marelica
Avocado	Avokado
Banane	Banana
Beere	Jagodičje
Birne	Hruška
Brombeere	Robida
Himbeere	Malina
Kirsche	Češnja
Kiwi	Kivi
Kokosnuss	Kokos
Melone	Melona
Nektarine	Nektarin
Orange	Oranžna
Papaya	Papaja
Pfirsich	Breskev
Pflaume	Sliva
Traube	Grozdje
Zitrone	Limona

Ozean
Ocean

Aal	Jegulja
Auster	Ostrige
Boot	Čoln
Delfin	Delfin
Fisch	Ribe
Garnele	Kozica
Gezeiten	Plimovanje
Hai	Morski Pes
Koralle	Korale
Krabbe	Rak
Krake	Hobotnica
Qualle	Meduze
Riff	Greben
Salz	Sol
Schildkröte	Želva
Schwamm	Goba
Sturm	Nevihta
Thunfisch	Tuna
Wal	Kit
Wellen	Valovi

Ökologie
Ekologija

Art	Vrste
Berge	Gore
Dürre	Suša
Fauna	Favna
Flora	Flora
Freiwillige	Prostovoljci
Gemeinschaft	Skupnosti
Global	Globalno
Klima	Podnebje
Lebensraum	Habitat
Marine	Morski
Nachhaltig	Trajnostno
Natur	Narava
Natürlich	Naravni
Pflanzen	Rastline
Ressourcen	Viri
Sumpf	Močvirje
Überleben	Preživetje
Vegetation	Vegetacija
Vielfalt	Raznolikost

Pflanzen
Rastline

Bambus	Bambus
Baum	Drevo
Beere	Jagodičje
Blume	Cvet
Blütenblatt	Cvetni List
Bohne	Fižol
Botanik	Botanika
Busch	Grm
Dünger	Gnojilo
Efeu	Bršljan
Flora	Flora
Garten	Vrt
Gras	Trava
Kaktus	Kaktus
Kraut	Zelišča
Laub	Listje
Moos	Mah
Vegetation	Vegetacija
Wald	Gozd
Wurzel	Koren

Piraten
Pirati

Abenteuer	Pustolovščina
Anker	Sidro
Crew	Posadka
Flagge	Zastava
Gefahr	Nevarnost
Gold	Zlato
Höhle	Jama
Insel	Otok
Kapitän	Kapitan
Karte	Zemljevid
Kompass	Kompas
Legende	Legenda
Münzen	Kovanci
Narbe	Brazgotina
Papagei	Papiga
Rum	Rum
Schatz	Zaklad
Schlecht	Slab
Schwert	Meč
Strand	Plaža

Regenwald
Deževni Gozd

Amphibien	Dvoživke
Art	Vrste
Botanisch	Botanični
Dschungel	Džungla
Einheimisch	Avtohtona
Gemeinschaft	Skupnost
Insekten	Žuželke
Klima	Podnebje
Moos	Mah
Natur	Narava
Respekt	Spoštovanje
Säugetiere	Sesalci
Überleben	Preživetje
Vielfalt	Raznolikost
Vögel	Ptice
Wertvoll	Vredno
Wolken	Oblaki
Zuflucht	Zatočišče

Restaurant #1
Restavracija #1

Allergie	Alergija
Brot	Kruh
Dessert	Sladica
Essen	Hrana
Fleisch	Meso
Huhn	Piščanec
Kaffee	Kava
Kassierer	Blagajnik
Kellnerin	Natakarica
Küche	Kuhinja
Menü	Meni
Messer	Nož
Reservierung	Rezervacija
Schüssel	Skleda
Serviette	Prtiček
Sosse	Omaka
Teller	Plošča
Würzig	Začinjen

Restaurant #2
Restavracija #2

Abendessen	Večerja
Eis	Led
Fisch	Ribe
Frucht	Sadje
Gabel	Vilice
Gemüse	Zelenjava
Getränk	Pijača
Gewürze	Začimbe
Kellner	Natakar
Köstlich	Odlično
Kuchen	Torta
Löffel	Žlica
Mittagessen	Kosilo
Nudeln	Rezanci
Salat	Solata
Salz	Sol
Stuhl	Stol
Suppe	Juha
Vorspeise	Predjed
Wasser	Voda

Säugetiere
Sesalci

Affe	Opica
Bär	Medved
Biber	Bober
Elefant	Slon
Fuchs	Lisica
Giraffe	Žirafa
Gorilla	Gorila
Hund	Pes
Känguru	Kenguru
Kojote	Kojot
Löwe	Lev
Panther	Puma
Pferd	Konj
Ratte	Podgana
Schaf	Ovce
Stier	Bik
Tiger	Tiger
Wal	Kit
Wolf	Volk
Zebra	Zebra

Schach
Šah

Champion	Prvak
Diagonal	Diagonalno
Gegner	Nasprotnik
König	Kralj
Königin	Kraljica
Opfer	Žrtvovati
Passiv	Pasivno
Punkte	Točk
Regeln	Pravila
Schwarz	Črna
Spiel	Igra
Spieler	Igralec
Strategie	Strategija
Turnier	Turnir
Weiss	Bela
Wettbewerb	Natečaj
Zeit	Čas

Schlösser
Gradovi

Drache	Zmaj
Dynastie	Dinastija
Edel	Žlahtna
Einhorn	Samorog
Festung	Trdnjava
Feudal	Fevdalni
Katapult	Katapult
Königreich	Kraljestvo
Krone	Krona
Palast	Palača
Pferd	Konj
Prinz	Princ
Prinzessin	Princesa
Reich	Imperij
Ritter	Vitez
Rüstung	Oklep
Schild	Ščit
Schwert	Meč
Turm	Stolp
Wand	Zid

Schokolade
Čokolada

Antioxidans	Antioksidant
Aroma	Aroma
Bitter	Grenko
Erdnüsse	Arašidi
Essen	Jesti
Exotisch	Eksotično
Favorit	Najljubši
Geschmack	Okus
Kakao	Cacao
Kalorien	Kalorij
Karamell	Karamela
Kokosnuss	Kokos
Köstlich	Odlično
Pulver	Prah
Qualität	Kakovost
Rezept	Recept
Süss	Sladko
Verlangen	Hrepenenje
Zucker	Sladkor
Zutat	Sestavina

Schule #1
Šola #1

Alphabet	Abeceda
Antworten	Odgovori
Bibliothek	Knjižnica
Bleistift	Svinčnik
Bücher	Knjige
Freunde	Prijatelji
Klassenzimmer	Učilnica
Lehrer	Učitelj
Mathematik	Matematika
Mittagessen	Kosilo
Ordner	Mape
Papier	Papir
Prüfungen	Izpiti
Quiz	Kviz
Spass	Zabavno
Stuhl	Stol
Zahlen	Številke

Schule #2
Šola #2

Bibliothek	Knjižnica
Bildung	Izobraževanje
Bleistift	Svinčnik
Bus	Avtobus
Bücher	Knjige
Computer	Računalnik
Grammatik	Slovnica
Kalender	Koledar
Lehrer	Učitelj
Lernen	Učenje
Lesen	Branje
Literatur	Literatura
Papier	Papir
Radiergummi	Radirka
Rucksack	Nahrbtnik
Schere	Škarje
Spiele	Igre
Wissenschaft	Znanost
Wochenende	Vikendi
Wörterbuch	Slovar

Science Fiction
Znanstvena Fantastika.

Bücher	Knjige
Dystopie	Distopija
Explosion	Eksplozija
Extrem	Ekstremno
Fantastisch	Fantastično
Feuer	Požar
Futuristisch	Futuristično
Galaxie	Galaksija
Geheimnisvoll	Skrivnostno
Illusion	Iluzija
Imaginär	Imaginarno
Kino	Kino
Orakel	Orakelj
Planet	Planet
Realistisch	Realističen
Roboter	Roboti
Szenario	Scenarij
Technologie	Tehnologija
Utopie	Utopija
Welt	Svet

Sommer
Poletje

Bücher	Knjige
Camping	Kampiranje
Entspannung	Sprostitev
Erinnerungen	Spomini
Essen	Hrana
Familie	Družina
Freizeit	Prosti Čas
Freude	Veselje
Freunde	Prijatelji
Garten	Vrt
Meer	Morje
Musik	Glasba
Reise	Potovanje
Sandalen	Sandali
Spiele	Igre
Sterne	Zvezde
Strand	Plaža
Tauchen	Potapljanje
Urlaub	Dopust

Spielzeuge
Igrače

Auto	Avto
Ball	Žoga
Boot	Čoln
Buntstifte	Barvice
Bücher	Knjige
Drachen	Kite
Fahrrad	Kolo
Favorit	Najljubši
Flugzeug	Letalo
Kunsthandwerk	Obrti
Lkw	Tovornjak
Phantasie	Domišljija
Puppe	Lutka
Puzzle	Uganka
Roboter	Robot
Schach	Šah
Schlagzeug	Bobni
Spiele	Igre
Ton	Glina
Zug	Vlak

Sport
Šport

Athlet	Športnik
Baseball	Baseball
Basketball	Košarka
Bewegung	Gibanje
Eishockey	Hokej
Fahrrad	Kolo
Gewinner	Zmagovalec
Golf	Golf
Gymnastik	Gimnastika
Mannschaft	Ekipa
Meisterschaft	Prvenstvo
Schiedsrichter	Sodnik
Spiel	Igra
Spieler	Igralec
Stadion	Stadion
Tennis	Tenis
Trainer	Trener

Stadt
Mesto

Apotheke	Lekarna
Bank	Banka
Bäckerei	Pekarna
Bibliothek	Knjižnica
Blumenhändler	Cvetličar
Buchhandlung	Knjigarna
Flughafen	Letališče
Galerie	Galerija
Hotel	Hotel
Kino	Kino
Klinik	Klinika
Markt	Trg
Museum	Muzej
Restaurant	Restavracija
Schule	Šola
Stadion	Stadion
Supermarkt	Supermarket
Theater	Gledališče
Universität	Univerza
Zoo	Živalski Vrt

Strand
Plaža

Blau	Modra
Boot	Čoln
Dock	Dok
Handtuch	Brisača
Insel	Otok
Krabbe	Rak
Küste	Obala
Lagune	Laguna
Meer	Morje
Ozean	Ocean
Regenschirm	Dežnik
Riff	Greben
Sand	Pesek
Sandalen	Sandali
Segelboot	Jadrnica
Sonne	Sonce
Urlaub	Dopust

Surfen
Deskanje

Anfänger	Začetnik
Athlet	Športnik
Beliebt	Priljubljeno
Champion	Prvak
Extrem	Ekstremno
Geschwindigkeit	Hitrost
Magen	Želodec
Mengen	Množice
Ozean	Ocean
Paddel	Veslo
Riff	Greben
Schaum	Pena
Spass	Zabavno
Stärke	Moč
Stil	Slog
Strand	Plaža
Welle	Val
Wetter	Vreme

Tage und Monate
Dnevi in Meseci

August	Avgust
Dezember	December
Dienstag	Torek
Donnerstag	Četrtek
Februar	Februar
Freitag	Petek
Jahr	Leto
Januar	Januar
Juli	Julij
Juni	Junij
Kalender	Koledar
Mittwoch	Sreda
Monat	Mesec
Montag	Ponedeljek
November	November
Oktober	Oktober
Samstag	Sobota
September	September
Sonntag	Nedelja
Woche	Teden

Tanzen
Pleši

Akademie	Akademija
Anmut	Milost
Ausdrucksvoll	Izrazno
Bewegung	Gibanje
Choreographie	Koreografija
Emotion	Čustvo
Freudig	Veselo
Haltung	Drža
Klassisch	Klasična
Körper	Telo
Kultur	Kultura
Kulturell	Kulturni
Kunst	Umetnost
Musik	Glasba
Partner	Partner
Probe	Vaja
Rhythmus	Ritem
Traditionell	Tradicionalno
Visuell	Vizualno

Technologie
Tehnologija

Anzeige	Prikaz
Bildschirm	Zaslon
Blog	Blog
Browser	Brskalnik
Bytes	Bajti
Computer	Računalnik
Cursor	Kurzor
Datei	Mapa
Daten	Podatki
Digital	Digitalno
Forschung	Raziskave
Internet	Internet
Kamera	Fotoaparat
Nachricht	Sporočilo
Schriftart	Pisava
Sicherheit	Varnost
Statistik	Statistika
Virtuell	Virtualno
Virus	Virus

Tugenden #1
Vrline #1

Bescheiden	Skromen
Charmant	Očarljiv
Effizient	Učinkovito
Entscheidend	Odločilen
Geduldig	Potrpežljiv
Grosszügig	Velikodušen
Gut	Dobro
Hilfreich	Koristno
Intelligent	Inteligenten
Komisch	Smešno
Künstlerisch	Umetniška
Leidenschaftlich	Strasten
Neugierig	Radoveden
Praktisch	Praktično
Sauber	Čist
Unabhängig	Neodvisna
Weise	Moder
Zuverlässig	Zanesljiv

Urlaub #2
Počitniški #2

Ausländer	Tujec
Ausländisch	Tuj
Camping	Kampiranje
Flughafen	Letališče
Freizeit	Prosti Čas
Hotel	Hotel
Insel	Otok
Karte	Zemljevid
Meer	Morje
Pass	Potni List
Reise	Potovanje
Restaurant	Restavracija
Strand	Plaža
Taxi	Taksi
Transport	Prevoz
Urlaub	Počitnice
Visum	Vizum
Zelt	Šotor
Ziel	Cilj
Zug	Vlak

Vögel
Ptice

Adler	Orel
Ei	Jajce
Ente	Raca
Eule	Sova
Flamingo	Flamingo
Gans	Gos
Huhn	Piščanec
Krähe	Vrana
Kuckuck	Kukavica
Möwe	Galeb
Papagei	Papiga
Pelikan	Pelikan
Pfau	Pav
Pinguin	Pingvin
Rabe	Raven
Reiher	Čaplja
Schwan	Labod
Spatz	Vrabec
Storch	Štorklja
Taube	Golob

Wandern
Pohodništvo

Berg	Gora
Camping	Kampiranje
Führer	Vodniki
Gefahren	Nevarnosti
Gipfel	Vrh
Karte	Zemljevid
Klima	Podnebje
Müde	Utrujen
Natur	Narava
Orientierung	Orientacija
Parks	Parki
Schwer	Težka
Sonne	Sonce
Steine	Kamni
Stiefel	Škornji
Tiere	Živali
Vorbereitung	Priprava
Wasser	Voda
Wetter	Vreme
Wild	Divji

Wasser
Voda

Bewässerung	Namakanje
Dampf	Para
Dusche	Prha
Eis	Led
Feucht	Vlažno
Feuchtigkeit	Vlaga
Fluss	Reka
Flut	Poplava
Frost	Zmrzal
Geysir	Gejzir
Hurrikan	Orkan
Kanal	Kanal
Monsun	Monsun
Ozean	Ocean
Regen	Dež
Schnee	Sneg
See	Jezero
Trinkbar	Pitno
Verdunstung	Izparevanje
Wellen	Valovi

Wetter
Vreme

Atmosphäre	Atmosfera
Blitz	Strele
Brise	Vetrič
Donner	Grom
Dürre	Suša
Eis	Led
Himmel	Nebo
Hurrikan	Orkan
Klima	Podnebje
Monsun	Monsun
Nebel	Megla
Polar	Polarni
Regenbogen	Mavrica
Sturm	Nevihta
Temperatur	Temperatura
Tornado	Tornado
Trocken	Suha
Tropisch	Tropski
Wind	Veter
Wolke	Oblak

Wissenschaft
Znanost

Atom	Atom
Chemisch	Kemikalija
Daten	Podatki
Evolution	Evolucija
Experiment	Poskus
Fossil	Fosil
Hypothese	Hipoteza
Klima	Podnebje
Labor	Laboratorij
Methode	Metoda
Mineralien	Minerali
Moleküle	Molekule
Natur	Narava
Organismus	Organizem
Partikel	Delci
Pflanzen	Rastline
Physik	Fizika
Schwerkraft	Gravitacija
Tatsache	Dejstvo
Wissenschaftler	Znanstvenik

Wissenschaftliche Disziplinen
Znanstvene Discipline

Anatomie	Anatomija
Archäologie	Arheologija
Astronomie	Astronomija
Biochemie	Biokemija
Biologie	Biologija
Botanik	Botanika
Chemie	Kemija
Geologie	Geologija
Immunologie	Imunologija
Kinesiologie	Kineziologija
Linguistik	Jezikoslovje
Mechanik	Mehanika
Mineralogie	Mineralogija
Neurologie	Nevrologija
Ökologie	Ekologija
Physiologie	Fiziologija
Psychologie	Psihologija
Soziologie	Sociologija
Thermodynamik	Termodinamika
Zoologie	Zoologija

Zahlen
Številke

Acht	Osem
Achtzehn	Osemnajst
Dezimal	Decimalno
Drei	Tri
Dreizehn	Trinajst
Fünf	Pet
Fünfzehn	Petnajst
Neun	Devet
Neunzehn	Devetnajst
Null	Nič
Sechs	Šest
Sechzehn	Šestnajst
Sieben	Sedem
Siebzehn	Sedemnajst
Vier	Štiri
Vierzehn	Štirinajst
Zehn	Deset
Zwanzig	Dvajset
Zwei	Dva
Zwölf	Dvanajst

Zeit
Čas

Früh	Zgodaj
Gestern	Včeraj
Heute	Danes
Jahr	Leto
Jahrhundert	Stoletje
Jahrzehnt	Desetletje
Jährlich	Letni
Jetzt	Zdaj
Kalender	Koledar
Minute	Minuta
Mittag	Opoldne
Monat	Mesec
Morgen	Jutro
Nach	Po
Nacht	Noč
Tag	Dan
Uhr	Ura
Vor	Pred
Woche	Teden
Zukunft	Prihodnost

Zirkus
Cirkus.

Affe	Opica
Akrobat	Akrobat
Ballons	Baloni
Clown	Klovn
Elefant	Slon
Fahrkarte	Vozovnica
Jongleur	Žongler
Kostüm	Kostum
Löwe	Lev
Magie	Magija
Musik	Glasba
Parade	Parada
Spektakulär	Spektakularno
Tiere	Živali
Tiger	Tiger
Trick	Trik
Unterhalten	Zabavati
Zauberer	Čarovnik
Zelt	Šotor
Zuschauer	Gledalec

Zu Füllen
Za Zapolnitev

Becken	Bazen
Box	Škatla
Eimer	Vedro
Fass	Sod
Flasche	Steklenica
Kiste	Zaboj
Koffer	Kovček
Korb	Košara
Krug	Jar
Mappe	Mapa
Paket	Paket
Rohr	Cev
Schiff	Plovilo
Schublade	Predal
Tablett	Pladenj
Tasche	Žep
Umschlag	Ovojnica
Vase	Vaza
Wanne	Kad

Gratuliere

Sie haben es geschafft !!

Wir hoffen, dass euch dieses Buch genauso viel Spaß gemacht hat wie uns dessen Herstellung. Wir tun unser Bestes, um qualitativ hochwertige Spiele zu erfinden. Diese Rätsel sind auf eine clevere Art und Weise entworfen, damit sie aktiv lernen und daran Vergnügen finden.

Hat ihnen das Buch gefallen ?

Eine einfache Bitte

Unsere Bücher existieren dank der Rezensionen, die sie veröffentlichen. Können sie uns helfen indem sie jetzt eine Meinung hinterlassen ?

Hier ist ein kurzer Link, der Sie zu ihrer Bewertungsseite führt

BestBooksActivity.com/Rezension50

MONSTER HERAUSFÖRDERUNGEN !

Herausförderung 1

Bereit für ihr Bonusspiel? Wir verwenden sie ständig, aber sie sind nicht einfach zu finden. Es sind die Synonyme !

Notieren sie 5 Wörter, die sie in den untenstehenden Rätseln (Nummer 21, 36 und 76) entdeckt haben und versuchen sie für jedes Wort 2 Synonyme zu finden .

Notieren sie 5 Wörter aus *Rätsel 21*

Wörter	Synonym 1	Synonym 2

Notieren sie 5 Wörter aus *Rätsel 36*

Wörter	Synonym 1	Synonym 2

Notieren sie 5 Wörter aus *Rätsel 76*

Wörter	Synonym 1	Synonym 2

Herausförderung 2

Jetzt, wo sie warm sind, notieren sie 5 Wörter, die sie in jedem der untenaufgeführten Rätseln entdeckt haben (Nummer 9, 17 und 25) und versuchen sie für jedes Wort 2 Antonyme zu finden. Wie viele davon können sie binnen 20 Minuten finden ?

Notieren sie 5 Wörter aus **Rätsel 9**

Wörter	Antonym 1	Antonym 2

Notieren sie 5 Wörter aus **Rätsel 17**

Wörter	Antonym 1	Antonym 2

Notieren sie 5 Wörter aus **Rätsel 25**

Wörter	Antonym 1	Antonym 2

Herausförderung 3

Wunderbar, diese Monster Herausförderung 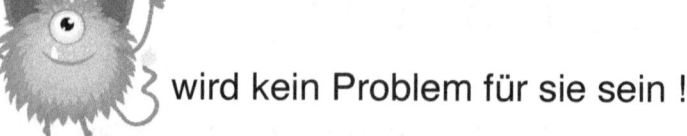 wird kein Problem für sie sein !

Bereit für die letzte Herausförderung? Wählen sie ihre 10 Lieblingswörter aus, die sie in einem Rätsel entdeckt haben und notieren sie sie unten.

1.	6.
2.	7.
3.	8.
4.	9.
5.	10.

Die Aufgabe besteht nun darin mit diesen Wörtern und in maximal sechs Sätzen einen Text herzustellen über eine Person, ein Tier oder ein Ort den sie lieben !

Tipp : sie können die letzten leeren Seiten dieses Buches als Entwurf verwenden

Ihr Schreiben :

NOTIZBUCH :

KOSTENLOSE SPIELE GENIESSEN

GO

↓

BESTACTIVITYBOOKS.COM/FREEGAMES

AUF BALDIGES WIEDERSEHEN !

Linguas Classics